BIOLOGIE HEUTE SII
entdecken

LÖSUNGSHEFT
Ökologie und
Nachhaltigkeit
Genetik

Schroedel

Biologie heute entdecken SII
Lösungsheft

Ökologie und Nachhaltigkeit
Genetik

Bearbeitet von
Dr. Michael Kampf
Antje Starke (Hrsg.)
Gisela Telgmann

In Teilen ist dieses Werk eine Bearbeitung
von Biologie heute entdecken, Lehrermaterialien für die SII
Teil 1, 978-3-507-10570-6
Teil 2, 978-3-507-10571-3
von Biologie heute, Arbeitsheft für die SII
978-3-507-10598-0

© 2007 Bildungshaus Schulbuchverlage
Westermann Schroedel Diesterweg Schöningh Winklers GmbH, Braunschweig
www.schroedel.de

Das Werk und seine Teile sind urheberrechtlich geschützt. Jede Nutzung in anderen als den gesetzlich zugelassenen Fällen bedarf der vorherigen schriftlichen Einwilligung des Verlages.
Hinweis zu § 52a UrhG: Weder das Werk noch seine Teile dürfen ohne eine solche Einwilligung gescannt und in ein Netzwerk eingestellt werden. Dies gilt auch für Intranets von Schulen und sonstigen Bildungseinrichtungen.
Auf verschiedenen Seiten dieses Heftes befinden sich Verweise (Links) auf Internet-Adressen.
Haftungshinweis: Trotz sorgfältiger inhaltlicher Kontrolle wird die Haftung für die Inhalte der externen Seiten ausgeschlossen. Für den Inhalt dieser externen Seiten sind ausschließlich deren Betreiber verantwortlich. Sollten Sie bei dem angegebenen Inhalt des Anbieters dieser Seite auf kostenpflichtige, illegale oder anstößige Inhalte treffen, so bedauern wir dies ausdrücklich und bitten Sie, uns umgehend per E-Mail davon in Kenntnis zu setzen, damit beim Nachdruck der Verweis gelöscht wird.

Druck A ^{4} / Jahr 2013
Alle Drucke der Serie A sind im Unterricht parallel verwendbar.

Bildquellen: Titelbild Ammann, digital vision, Hamburg

Redaktion: Sabine Gilbert, Ulrike Wallek
Illustrationen: Brigitte Karnath, Liselotte Lüddecke, Tom Menzel
Umschlaggestaltung: Janssen Kahlert Design & Kommunikation GmbH
Satz: O&S Satz GmbH, Hildesheim
Druck und Bindung: westermann druck GmbH, Braunschweig

ISBN 978-3-507-**10575**-1

Inhalt

Ökologie und Nachhaltigkeit

Merkmale eines Fließgewässers 5
Strukturen eines Fließgewässers 6
Die Regionen des Fließgewässers 7
Abiotische Faktoren am Fließgewässer 8
Angepasstheiten von Sumpf- und Wasserpflanzen 9
Tiere am und im Bach 10
Nahrungsbeziehungen im Fließgewässer 11
Wiederholung: Biotische Faktoren – intraspezifische Beziehungen 12
Interspezifische Beziehungen 13
Populationen verändern sich in ihrer Umwelt 14
Populationsentwicklung – Folgen und Faktoren 15
Stoffumsetzungen in einem Fließgewässer 16
Selbstreinigungsvorgänge in einem Fließgewässer 17
Die Tiere kehren zurück 18
Folgen einer Fließgewässerbegradigung 19
Schutz von Fließgewässern 20
Praktikum:
Physikalisch-chemische Gewässergütebestimmung 21
Praktikum:
Biologische Gewässergütebestimmung 22
Die Feldhecke – abiotische Faktoren 23
Heckenpflanzen 24
Wiederholung: Pflanzen als Standortanzeiger 25
Die Feldhecke – biotische Faktoren 26
Eine Hecke entwickelt sich 27
Praktikum:
Feldökologische Untersuchungen an der Hecke 28
Praktikum:
Auch Hecken bekommen Noten 29
Die Wiese – ein terrestrisches Ökosystem 30
Wiese ist nicht gleich Wiese 31
Praktikum:
Untersuchung einer Wiese 32
Gefährdete Biotoptypen müssen geschützt werden 33
Monokulturen und ihre Probleme 34
Ökosystem Acker 35
Praktikum:
Untersuchungen eines Ackers 36
Energiebilanzen 37
Pflanzenschutz im Wandel der Zeit 38

Klausur- und Prüfungsaufgaben:
Ökologie und Nachhaltigkeit I 39
Klausur- und Prüfungsaufgaben:
Ökologie und Nachhaltigkeit II 40
Klausur- und Prüfungsaufgaben:
Ökologie und Nachhaltigkeit III 41
Ökologie in der Praxis:
Nachwachsende Rohstoffe 42

Genetik

Mögliche hypothetische Erbgänge zwischen zwei Säugetierrassen 43
Kreuzungen und Vererbung bei Drosophila 44
Dihybride Erbgänge 45
Mutagene 46
Mutationen 47
Ursachen für Variabilität 48
Praktikum:
Untersuchung von Erbmerkmalen beim Menschen 49
Genmutationen beim Menschen 50
Chromosomenanomalien beim Menschen 51
Blutgruppen sind erblich 52
Vererbung der Hautfarbe beim Menschen 53
Stammbäume – manche Krankheiten des Menschen sind erblich 54
Erbkrankheiten – pränatale Diagnostik 55
Gendiagnostik am Beispiel von Chorea HUNTINGTON 56
Viren – „vagabundierende Gene" 57
Lytischer und lysogener Zyklus 58
Bakteriengenetik 59
Bakterienplasmide 60
Pflanzenzucht 61
Tierzüchtung 62
Stammzellforschung 63
Gentherapie 64
Klausur- und Prüfungsaufgaben:
Genetik I 65
Klausur- und Prüfungsaufgaben:
Genetik II 66
Klausur- und Prüfungsaufgaben:
Genetik III 67
Genetik in der Praxis:
Gentechnik 68

Merkmale eines Fließgewässers

1. a)

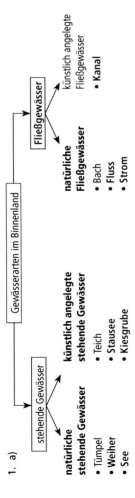

b) Jedes Fließgewässer des Festlandes wird geografisch als Fluss bezeichnet. Nach der Größe und Länge unterscheidet man Bäche und Ströme. Unter einem Bach versteht man ein kleineres Fließgewässer mit hoher Fließgeschwindigkeit, das aus einer Quelle gespeist wird. Ein Strom ist ein großer Fluss mit einer Länge über 500 km und einem Einzugsgebiet von über 100 000 km².

2. a)

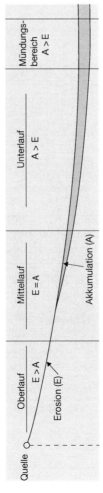

b) Unter Erosion versteht man die Abtragung von Material durch das Fließgewässer aufgrund der hohen Strömungsgeschwindigkeit. Akkumulation ist der gegenteilige Vorgang. Lässt die Fließgeschwindigkeit nach, lagern sich die erodierten Materialien wieder ab.

3. a) Je höher die Fließgeschwindigkeit ist, umso größer ist das transportierte Material. Im Oberlauf werden noch grobe Steine und Geröll mitgeschleppt; später, bei kleinerer Strömungsgeschwindigkeit Kies und Sande, im Unterlauf des Flusses nur noch Schlick und Feinsande.

b) Die größte Fließgeschwindigkeit herrscht im Oberlauf des Flusses. Dort kommt es zur Erosion. Das abgetragene Material wird so lange mitgeschleppt, bis die Strömungsgeschwindigkeit nachlässt. Allmählich setzt also die Akkumulation ein. Sie beginnt im Mittellauf. Im Unterlauf werden zwar immer noch Materialien wie Grob- und Feinsand sowie Schlick abgetragen, gleichzeitig werden jedoch auch große und schwerere Materialien abgelagert. Je mehr sich der Fluss seiner Mündung nähert, umso mehr überwiegt die Akkumulation.

Strukturen eines Fließgewässers

1. Mäander sind für die Ausbildung des Bachuntergrundes und die Form der Ufer verantwortlich. Durch sie entstehen auch Räume mit unterschiedlichen Strömungsgeschwindigkeiten. Diese Ursache hat eine große Auswirkung. Es entstehen in einem ungestörten Bachlauf zahlreiche Kleinstlebensräume. So können zum Beispiel am Gleithang Materialien abgelagert werden, die wiederum eine Laichmöglichkeit für Fische im Bach schaffen. Durch die vielen unterschiedlichen ökologischen Nischen können sich auch viele Arten ansiedeln. Die Biodiversität steigt. Es kommt zur Rückwirkung auf das Ökosystem. Viele angesiedelte Arten ermöglichen stabilere Beziehungen im Ökosystem. Außerdem schützen die Mäander auch zum Teil vor Hochwasser. Sie können zumindest die normalen Wasserschwankungen ausgleichen und geben dem Wasser einen größeren Raum als das zum Beispiel bei begradigten Gewässern der Fall ist. Zusätzlich vermindert sich die Fließgeschwindigkeit.

2.

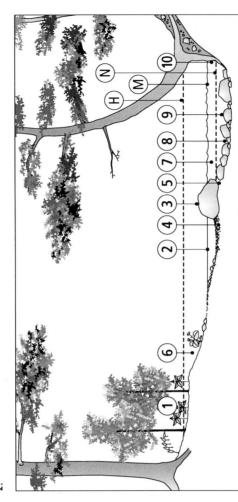

① Bachaue
② Wasseroberfläche in ruhiger Bucht
③ Block mit Algen- und Moosvegetation
④ Boden mit Schlick und Feinsand
⑤ Hohlräume zwischen den Steinen
⑥ feuchtes Ufer
⑦ Zone mit rasch fließendem Wasser
⑧ Totwasserstellen
⑨ rasch überströmte Steinoberfläche
⑩ Prallhang, Höhlung mit Wurzelgeflecht

Ⓗ = Hochwasserlinie   Ⓜ = Mittelwasserlinie   Ⓝ = Niedrigwasserlinie

Die Strukturen schaffen sehr viele Kleinstlebensräume, die sich in den abiotischen Faktoren unterscheiden. So sind zum Beispiel die Strömungsgeschwindigkeit, die Belichtung und auch der Raum selbst unterschiedlich. Daher ergeben sich unterschiedliche ökologische Nischen auf relativ kleinem Raum. In Zonen mit rasch fließendem Wasser leben speziell angepasste Organismen, die Schutzeinrichtungen gegen das Verdriften haben. In Zonen mit Totwasser ist die Wasserbewegung gebremst, dort können auch Organismen ohne diese Schutzeinrichtungen existieren. In einem Bachlauf finden sich deshalb recht unterschiedliche Lebensgemeinschaften, die verschiedene Spezialisierungen aufweisen.

Die Regionen des Fließgewässers

1. und 3.

Region nach Leitfischart	Wichtige abiotische und biotische Umweltfaktoren
Forellenregion **Bachforelle** Koppe Elritze Schmerle Bachneunauge	• Wassertemperatur zwischen 3 und 10 °C • Bodenbeschaffenheit: Fels und größere Steine • Sauerstoffgehalt: sehr reichlich, Sättigungswert • Fließgeschwindigkeit: hoch, etwa 100 cm/s • nährstoffarm • typische Tiere: Köcher- und Eintagsfliegenlarven
Äschenregion **Äsche** Bachforelle Huchen Nase Quappe Hasel Lachs	• Wassertemperatur zwischen 5 und 15 °C • Bodenbeschaffenheit: größere Steine und Kies • Sauerstoffgehalt: reichlich • Fließgeschwindigkeit: hoch • nährstoffarm • typische Tiere: Hakenkäferlarve, Eintagsfliegenlarve, Strudelwurm
Barbenregion **Barbe** Rotfeder Nase Lachs Hasel Wels Aal Nerfling	• Wassertemperatur: friert im Winter zu, im Sommer häufig über 15 °C • Bodenbeschaffenheit: Kies • Sauerstoffgehalt: im Oberflächenwasser reichlich, im Bodenwasser geringere Mengen • typische Tiere: Hakenkäfer, Mützenschnecken, Köcherfliegenlarven
Brachsenregion **Brachse** Karpfen Schleie Karausche Wels Zander Aal	• Wassertemperatur: friert im Winter zu, im Sommer häufig über 20 °C • Bodenbeschaffenheit: Sand, Weichböden, Schlamm • Sauerstoffgehalt: im Oberflächenwasser ausreichend, im Bodenwasser gering • nährstoffreich; Strömung gering, gleichmäßig • große Artenvielfalt; typisch sind: Kriebelmückenlarven, Schneckenegel, Köcherfliegenlarven
Kaulbarsch-Flunderregion **Kaulbarsch, Flunder** Brasse Brikke Rotauge Aal Zander Stint	• Wassertemperatur: über 20 °C im Sommer • Bodenbeschaffenheit: Feinstmaterial, Schlamm • Sauerstoffgehalt: im Oberflächenwasser ausreichend, im Bodenwasser sehr gering • nährstoffreich • Brackwasser im Mündungsbereich • Fließgeschwindigkeit: schwach, etwa 10 m/s • typische Arten: Zuckmückenlarve, Wasserassel, Fluss-Flohkrebs, Eintagsfliegenlarve

2. Fischereibiologen unterteilen Fließgewässer nach dem jeweiligen Hauptnutzfisch, der in den verschiedenen Abschnitten angetroffen wird. So unterscheidet man im Flussoberlauf Bachforellen- und Äschenregion, im Mittellauf Barben- und Brachsenregion und im Unterlauf die Kaulbarsch-Flunderregion. Die Leitfischart hat bestimmte Umweltansprüche, die sich gut mit den abiotischen Faktoren in diesem Abschnitt decken. So brauchen Bachforelle und Äsche kühle und sauerstoffreiche Gewässer. Auch hier lässt sich das Erschließungsfeld „Angepasstheit" anwenden.

Abiotische Faktoren am Fließgewässer

1. Von der Quelle bis zum Unterlauf eines Fließgewässers ändern sich die abiotischen Bedingungen. So ist die Strömung in der Quellregion und im Oberlauf sehr hoch, im Mittellauf nimmt sie ab und dann ist sie nur noch gering ausgeprägt. Das Wasser des Oberlaufs ist gut durchlüftet und kühl. Die Temperatur beträgt etwa 5 bis 10 °C. Wasser mit solchen niedrigen Temperaturen enthält einen hohen Sauerstoffanteil. Der Sauerstoffanteil sinkt dann kontinuierlich bis zur Mündung und die Jahrestemperatur steigt im Mittellauf an (auf etwa 20 °C) und bleibt dann etwa auf diesem Wert. Das Wasser der Quellregion ist sehr klar, es hat eine hohe Schleppkraft und Partikel werden mitgerissen. Im Unterlauf und nahe der Mündung ist das Wasser trübe und aufgrund der geringen Fließgeschwindigkeit lagert sich Schlamm ab.

2. a) In der Quellregion herrschen in den Sommermonaten Temperaturen um 7 °C. Die niedrigsten Werte werden mit 5 °C im Februar und März gemessen. Hier lässt sich feststellen, dass generell nur geringe Temperaturschwankungen im Verlauf des Jahres gemessen werden. Je weiter man sich von der Quelle entfernt, umso größer werden die jährlichen Temperaturschwankungen. Im Mittellauf gehen die Werte in den Wintermonaten auf deutlich unter 5 °C zurück, in den Sommermonaten herrschen 15 °C und mehr. Im Herbst kommt es folglich zu einem deutlichen Temperaturabfall, im Frühjahr zu einem Temperaturanstieg. Generell ist die Temperatur wesentlich größeren Schwankungen unterlegen als in der Quellregion beziehungsweise dem Oberlauf.

b) Tiere, die in der Quellregion und im Oberlauf des Flusses leben, haben nur einen kleinen Toleranzbereich bezüglich des Temperaturfaktors, sie zeigen eine Angepasstheit an das kalte, sauerstoffreiche Wasser. Tiere, die im Mittellauf des Flusses leben, müssen einen größeren Toleranzbereich bezüglich des Temperaturfaktors aufweisen. Das Wasser erreicht im Winter Temperaturen, die an den Gefrierpunkt heranreichen, im Sommer ist das Wasser deutlich wärmer und damit sauerstoffärmer.

Angepasstheiten von Sumpf- und Wasserpflanzen

1. Zu den abiotischen Umweltfaktoren, die auf Wasserpflanzen wirken, zählen zum Beispiel der Lichtfaktor, die Wassertemperatur, der Mineralsalzgehalt, die Wasserströmung und der Kohlenstoffdioxidgehalt. So kommen Wasserpflanzen nur bis zu einer bestimmten Tiefe vor; ist es zu dunkel, können sie nicht mehr genug Fotosynthese betreiben. Auch die Wassertemperatur spielt für die Stoffwechselprozesse eine große Rolle. Viele Wasserpflanzen brauchen über 15 °C für ihre Entwicklung. So lässt sich auch erklären, dass im Oberlauf nur wenige bestimmte Arten wie Wassermoose leben können. Die Wasserströmung ist ein wichtiger Faktor. Ist sie sehr hoch, findet man häufig Wasserpflanzen mit zarten, zerschlitzten Blättern. Sie bieten der Strömung wenig Widerstand und zerreißen nicht. Bei den biotischen Faktoren spielen Konkurrenz mit anderen Pflanzen, Bestäuber und Fressfeinde eine Rolle. So konkurrieren die Pflanzen zum Beispiel um Mineralsalze, die im Ober- und Mittellauf eher Mangelware sind. Viele Wasserpflanzen wie Seerose und Sumpfdotterblume werden von Insekten bestäubt. Sie sichern die geschlechtliche Fortpflanzung. Fressfeinde wie Wasserschnecken sind ebenfalls wichtig für das Überleben.

2. ① Seerose ② Wasser-Hahnenfuß ③ Hornblatt ④ Wasserpest
   ⑤ Sumpfschwertlilie ⑥ Sumpfdotterblume

3. Das Hornblatt ③ zeigt verschiedene Angepasstheiten an ein Leben im Fließgewässer. Die Blätter sind quirlförmig angeordnet und sehr zart. Die Stängel sind biegsam. So können Unterschiede im Wasserstand und verschiedene Fließgeschwindigkeiten des Wassers ausgeglichen werden. Außerdem ist auch die Bestäubung direkt durch das Wasser gegeben. Es treten also bauliche und funktionelle Merkmale auf, die dem Hornblatt ein Leben im Fließgewässer ermöglichen.
Das Erschließungsfeld „Fortpflanzung" lässt sich zum Beispiel auf die Seerose anwenden. Diese pflanzt sich geschlechtlich fort. In den großen weißen Blüten finden sich Staubblätter mit männlichen Geschlechtszellen und Fruchtblätter mit weiblichen Geschlechtszellen. Es kommt zur Fremdbestäubung durch Insekten. Aus den befruchteten Samenanlagen entwickeln sich die Früchte.
Die Sumpfschwertlilie ist eine Uferpflanze, die an feuchte Standorte, die mehrmals im Jahr überflutet werden, angepasst ist. Bestimmte Organe dieser Pflanze weisen einen speziellen Bau auf, der die passenden Funktionen ermöglicht. So ist ein Verankerungsorgan ein Erdspross mit kurzen Wurzeln ausgebildet. Reißt er ab und wird vom Hochwasser weggespült, kann er später wieder ohne Probleme austreiben. Er besitzt als Speicherstoff Stärke. Die kapselartigen Früchte haben Samen, die eine luftgefüllte Samenschale besitzen. Dieser Bau ermöglicht die Funktion „Schwimmen". Die Samen können mehrere Monate auf dem Wasser treiben und verbreiten sich so.

4. Die Hydrophyten haben oft zart gebaute Blätter. Bei den hier abgebildeten Unterwasserpflanzen treten keine Spaltöffnungen auf, der Stoffaustausch erfolgt über die Epidermis. Im Blattgewebe erkennt man große Interzellularräume, die einen Auftrieb ermöglichen. Festigungsgewebe und Leitgewebe fehlen dagegen. Zu solchen Pflanzen, die in stehenden oder fließenden Gewässern vorkommen, zählen Hornblatt, Wasserpest, Laichkraut und Tausendblatt. Die Hygrophyten leben an feuchten Standorten und haben große, relativ dünne Blätter. Die Cuticula ist dünn, die Spaltöffnungen sind zur verbesserten Wasserdampfabgabe vorgewölbt. Es können zur weiteren Oberflächenvergrößerung lebende Haare auftreten. Zu solchen Hygrophyten gehören zum Beispiel Sumpfdotterblume, Sumpfschwertlilie, Pestwurz und Froschlöffel.

Tiere am und im Bach

1. a) A Bachforelle   F Libellenlarve
      B Eintagsfliegenlarve   G Kugelmuschel
      C Bachflohkrebs   H Köcherfliegenlarve
      D Eisvogel   I Steinfliegenlarve
      E Großlibelle

   b) Die Bachforelle lebt im Bereich des unterhöhlten Ufers und zwischen den Steinen auf dem Gewässergrund. Ihre Nahrung sind Insekten, Insektenlarven und Bachflohkrebse, die dort zu finden sind. Die Eintagsfliegenlarve findet man bevorzugt unter Steinen, dort frisst sie Algen und Feinmaterial und findet Schutz vor der Strömung. Bachflohkrebse leben zwischen Blättern und Zweigen, die ins Wasser reichen. Sie ernähren sich dort von Feinmaterial. Der Eisvogel nistet in der Uferböschung des Baches. Oft findet man ihn auf Ästen, die über das Wasser reichen. Seine Nahrung sind kleinere Fische, die er vom Ansitz aus erkennt und dann unter Wasser durch schnelles Eintauchen fängt. Die Libelle hält sich oft dicht über der Wasseroberfläche auf, da sie dort Fluginsekten erbeuten kann. Ihre Larve dagegen lebt auf dem Grund des Gewässers im Boden zwischen dem Feinmaterial. Sie lebt räuberisch und frisst Insektenlarven und andere kleine Wasserlebewesen. Die Kugelmuschel lebt im sandigen Boden und filtriert dort Kleinstlebewesen und Feinmaterial. Die Köcherfliegenlarve lebt zwischen den Steinen auf dem Gewässergrund. Hier findet sie Nahrung und Baumaterial für ihre Behausung, den Köcher. Einen ähnlichen Lebensraum hat die Steinfliegenlarve, sie ernährt sich von Kleininsektenlarven.
   Tiere, die in einem Fließgewässer leben, sind ständig der Strömung ausgesetzt. Damit verbunden ist die Gefahr, weggespült zu werden. Aber auch an die Beschaffung von Nahrung werden besondere Anforderungen gestellt. Die Lebewesen sind deshalb durch körperliche Merkmale und besondere Verhaltensweisen an das Leben im Fließgewässer angepasst.

2. a) Wasserbewohner wie Insektenlarven und Kleinkrebse zeigen eine starke Angepasstheit an die hohen Strömungsgeschwindigkeiten. Im Experiment hielten die Tiere sogar noch stärkere Strömungen aus, als die Strömungen, denen sie in der Natur gefunden wurden. Steinfliegenlarven zum Beispiel können sich noch bei einer Strömungsgeschwindigkeit von 240 cm/s gegen die Strömung fortbewegen. Bei den anderen Tieren ist die Abweichung zwischen maximal ertragener und maximaler Strömung, bei der die Tiere sich noch bewegen können, etwas größer. Die Bachflohkrebse als Vertreter der Kleinkrebse zeigen eine deutliche Abweichung. Sie werden weggespült, wenn die Strömungsgeschwindigkeit über 100 cm/s steigt.

   b) Die hohe Widerstandsfähigkeit kann nur durch eine Anpassung an das Leben im Fließgewässer erreicht werden. Die Insektenlarven haben dafür häufig eine flache Körperform, Saugnäpfe und scharfe Fußkrallen ausgebildet oder sie beschweren ihren Körper durch zusätzlichen Ballast.
   Die Eintagsfliegenlarve zeigt eine Verhaltensanpassung. Die Tiere stellen sich gegen den Wasserstrom. Wird die Fließgeschwindigkeit größer, ducken sich die Tiere und gelangen so in den Bereich der Grenzschicht, in der kaum noch eine Kraft wirkt. Außerdem besitzt die Larve einen stromlinienförmigen Körper, der dem Wasser nur einen geringen Widerstand entgegensetzt. Andere Tiere wie die Köcherfliegenlarve besitzt faden- oder blattartige Kiemen als Körperanhänge. Damit können sie Sauerstoff aufnehmen, ohne sich durch das strömende Wasser an die Wasseroberfläche begeben zu müssen. Oftmals sind sie noch zusätzlich durch Steine beschwert und gekrümmt. Damit bleiben sie auf dem Gewässerboden liegen und können schlecht mit dem Wasser weggerollt werden.

WIEDERHOLUNG

Nahrungsbeziehungen im Fließgewässer

1. In einer Nahrungskette gibt man an, welche Nahrungsbeziehungen es zwischen bestimmten Organismen gibt. Pflanzen wie die Zweig-Alge bilden die Grundlage einer jeden Nahrungskette. Sie werden auch als Produzenten bezeichnet. Die von ihnen produzierte Biomasse dient Pflanzenfressern, den Konsumenten 1. Ordnung, als Nahrung. Von ihnen ernähren sich wiederum fleischfressende Kleintiere, die Konsumenten 2. Ordnung. Diese wiederum dienen den Konsumenten 3. Ordnung als Nahrung. Am Ende der Nahrungskette steht der Endkonsument, der keine natürlichen Fressfeinde hat. Im abgebildeten Beispiel ist das die Wasseramsel. Untereinander stehen die Mitglieder einer Nahrungskette in Wechselwirkung. Bricht ein Glied dieser Kette weg, kann im Extremfall die gesamte Kette zusammenbrechen. Häufig sind jedoch mehrere Ketten miteinander zu einem Nahrungsnetz verbunden, sodass der Ausfall einzelner Glieder kompensiert werden kann. Die Anzahl der Tiere in den einzelnen Gruppen ist abnehmend. So gibt es zum Beispiel viele Konsumenten 1. Ordnung, weniger Konsumenten 2. Ordnung und nur eine sehr beschränkte Anzahl an Endkonsumenten. Produzenten und die verschiedenen Konsumentenstufen lassen sich daher zu einer Nahrungspyramide anordnen, an deren Gipfel die Endkonsumenten stehen, während die Produzenten die Basis bilden.
Stoffe und Energie werden ständig aus der Umwelt entnommen, in Organismen umgewandelt und in anderer Form wieder an die Umwelt abgegeben. Die Stoffaufnahme wird als Assimilation bezeichnet. Sie wird als autotrophe Assimilation zum Beispiel von grünen Pflanzen durch Fotosynthese betrieben. Heterotrophe Assimilation betreiben die Konsumenten. Sie ernähren sich von Pflanzen oder anderen Konsumenten, die in der Nahrungspyramide unter ihnen stehen. Abgestorbene Pflanzen und Tiere werden durch die Destruenten zersetzt, die dabei gebildeten Stoffe stehen den Pflanzen wieder zur Verfügung. Zur Energiegewinnung werden Stoffe abgebaut. Bei der Zellatmung, die Produzenten und Konsumenten betreiben, ist das zum Beispiel Glucose. Dieser Stoffabbau wird als Dissimilation bezeichnet. Die beiden Teilprozesse Assimilation und Dissimilation sind durch den Intermediärstoffwechsel miteinander verbunden.

2. a)

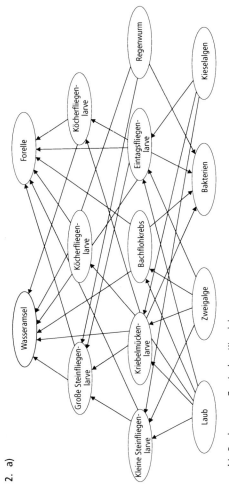

b) Produzenten: Zweigalge, Kieselalge
Konsumenten 1. Ordnung: Steinfliegenlarve, Kriebelmücke, Bachflohkrebs, Eintagsfliegenlarve, Regenwurm
Konsumenten 2. Ordnung: Eintagsfliegenlarve, Köcherfliegenlarve
Konsumenten 3. Ordnung (Endkonsumenten): Wasseramsel, Forelle
Destruenten: Bakterien im Detritus

Biotische Faktoren – intraspezifische Beziehungen

1.

Verbandsform	Beschreibung	Beispiele
Schlafverbände	Artgenossen, manchmal nur eines Geschlechtes, finden sich gemeinsam zur Ruhe zusammen	• Fledermäuse • Krähen • **Stare**
Überwinterungsverbände	Artgenossen überwintern gemeinsam	• solitäre Bienen • **viele Lurche** • **viele Kriechtiere** • Fledermäuse
Fraßgemeinschaften	Artgenossen eines Entwicklungsstadiums fressen gemeinsam, dabei tritt häufig ein Artgenosseneffekt auf (Stimmungsübertragung) und die individuelle Fressleistung steigt	• Schmetterlingsraupen • **Wanderheuschrecken**
Jagdgesellschaften	Artgenossen jagen gemeinsam, so können auch größere Beutetiere überwunden werden (Pelikane treiben einen ganzen Schwarm von Fischen ins seichte Wasser)	• Pelikane • **Wölfe** • **Löwen** • Hyänen
Wandergesellschaften	Artgenossen ziehen gemeinsam in Brut- oder Überwinterungsgebiete oder sie wandern zur Nahrungs- und Wassersuche	• Zugvögel • Lemminge • viele Antilopen • **Wanderheuschrecken**
Fortpflanzungs- und Brutgesellschaften	Artgenossen bewohnen gemeinsam ein Brutgebiet, dadurch sind die Jungen besser geschützt, manchmal gibt es auch gemeinsam „Kindergärten"	• Pelzrobben • Pinguine • **Alpenmurmeltier**
Familienverbände	länger anhaltende Gemeinschaftsbeziehungen mit enger persönlicher Bindung und Rangordnung innerhalb der Gemeinschaft	• Erdmännchen • **Paviane** • **Menschenaffen** • **Wanderratten**
Eusoziale Gesellschaften (Tierstaat)	höchstentwickelte Form eines Verbandes bei Tieren; eusoziale Gesellschaft besteht in der Regel viele Jahre; sie zeichnet sich durch Arbeitsteilung aus	• Ameisen • **Termiten** • Honigbiene

2. Wölfe jagen im Rudel. Durch diese Jagdgesellschaft sind die Tiere in der Lage, auch größere und stärkere Beutetiere zu erlegen. Das Einzelindividuum in der Gruppe erhält also mehr Nahrung und ist häufiger erfolgreich bei der Jagd als der Einzeljäger. Außerdem kann ein junges Tier in der Gruppe von erfahrenen Wölfen lernen und dadurch seine eigene Jagdtechnik verbessern.

Interspezifische Beziehungen

1. und 2.

Interspezifische Beziehungen

Probiose	Symbiose	Antibiose
Darunter versteht man, **dass eine Art einen Vorteil hat, ohne die andere zu schädigen.**	Darunter versteht man, **dass beide Arten im Beziehungsgefüge einen Vorteil voneinander haben.**	Darunter versteht man, **dass eine der beiden zusammenlebenden Arten die andere schwächt oder schädigt.**

ausgewählte Formen / ausgewählte Formen / ausgewählte Formen

Beisiedlung
z.B. eine Eiderente nistet in einer Seeschwalbenkolonie (Schutz)

Allianz
z.B. Antilopen und Strauße in einer Herde

interspezifische Konkurrenz ⑦ ⑤
z.B. um Wasserstellen

Aufsiedlung ④
z.B. **Bromelien sitzen auf einem Baum**

Mutualismus
z.B. Verbreitung von Samen durch Vögel

Räubertum ⑥ ③
z.B. **Löwin jagt und frisst eine Antilope**

Einmietung
z.B. Krebschen leben in Kanälen eines Schwammes

Symbiose im engeren Sinne
z.B. **Einsiedlerkrebs und Seeanemone** ②

Parasitismus ①
z.B. Fuchsbandwurm

Kommensalismus
z.B. **Schakal folgt Löwen und frisst Beutereste**

Pathogenie
z.B. Getreiderostpilze

3. Beispiel 1 zeigt eine typische Symbiose. Mithilfe einer Legeröhre legt das Bitterlingsweibchen die Eizellen in das Innere einer Flussperl- oder Teichmuschel. Das Männchen gibt dann die Samenzellen vor der Atemöffnung der Muschel ab, wobei die Samenzellen zu den Eizellen gelangen. Die befruchteten Eizellen entwickeln sich geschützt in den Kiemen der Muschel. Die Fortpflanzungsperiode der Muschel fällt mit der des Fisches zusammen. Die winzigen Larven der Muschel setzen sich in den Kiemen des Bitterlings fest und bleiben dort so lange, bis sie eine schützende Schale ausgebildet haben. Beide Arten leben also zum gegenseitigen Nutzen zusammen.
Beispiel 2 zeigt eine Form des Parasitismus. Die Karpfenlaus (*Argulus foliaceus*) ist ein zu den Fischläusen gehörender, auf Süßwasserfischen parasitierender Krebs. Der Parasit befällt vorzugsweise karpfenartige Fische, saugt sich an der Fischhaut fest und verursacht hierbei blutende Wunden. Dabei wird die schützende Schleimschicht des Fisches verletzt, sodass es zu weiteren Infektionen zum Beispiel durch Pilze kommen kann. Bei starkem Befall durch den zu den Ruderfußkrebsen zählenden Schmarotzer wird der Fisch stark geschwächt. Er wird außerdem anfällig für weitere Krankheiten, die sogar zum Tod führen können.

Populationen verändern sich in ihrer Umwelt

1. Alle Individuen einer Art, die einen gemeinsamen abgegrenzten Lebensraum besiedeln und eine Fortpflanzungsgemeinschaft bilden, bezeichnet man als Population.

2. a)
① exponentielles Wachstum ③ Initialphase ⑤ asymptotische Phase
② logistisches Wachstum ④ Exponentialphase K Umweltkapazität

b) Da Eltern ihre Nachkommen häufig um mehrere Generationen überleben und mehr als zwei Nachkommen haben, wächst eine Population ohne Umwelteinflüsse exponentiell. Durch die Umweltkapazität wird dieses Wachstum eingeschränkt und man erhält die logistische Wachstumskurve. Hier unterscheidet man verschiedene Phasen: In der Initialphase ist die Zuwachsrate durch die geringe Bevölkerungsdichte eingeschränkt. Danach steigt das Wachstum mit steigender Bevölkerungsdichte exponentiell an. Mit größerer Dichte und zunehmendem Umweltwiderstand flacht die Kurve ab und es entsteht ein Gleichgewicht von Mortalität und Natalität. Es ist ein Gleichgewichtszustand zwischen dem Vermehrungspotential der untersuchten Population und dem Valenzpotential der Umwelt erreicht. Man bezeichnet diese Phase als asymptotische Phase.

3.

Dichteabhängige Faktoren	Dichteunabhängige Faktoren
intraspezifische Konkurrenz: Nahrungsgemenge, Gedrängefaktor, Revierbildung, Tierwanderung, Kannibalismus artspezifische Feinde wie Räuber und Parasiten ansteckende Krankheiten	Klimafaktoren wie: Licht, Temperatur, Luftfeuchtigkeit, Wind, Boden, nichtspezifische Feinde: Räuber, die andere Beute bevorzugen nicht ansteckende Krankheiten

4. a) und b) Schneeschuhhasen- und Luchspopulation zeigen beide relativ starke Schwankungen. Die Luchspopulation schwankt weniger stark. Solche starken unregelmäßigen Schwankungen bezeichnet man als Fluktuationen. Sie führen zu periodischen Populationszyklen von etwa zehn Jahren. Außerdem handelt es sich hier um ein klassisches Räuber-Beute-Modell. Auf ein Maximum an Hasen folgt regelmäßig etwa zwei Jahre später ein Maximum an Luchsen. Viele Räuber erlegen jedoch auch viele Hasen, die Hasenpopulation sinkt, die Räuber finden weniger Nahrung, sie pflanzen sich nun weniger stark fort und ihre Population sinkt.

c) Das 1. VOLTERRAsche Gesetz sagt: Die Individuenzahlen von Beute und Räuber schwanken auch bei sonst konstanten Bedingungen periodisch. Dabei sind die Maxima für Räuber und Beute phasenweise verschoben.
2. VOLTERRAsches Gesetz: Trotz der Schwankungen bleiben langfristig die Durchschnittsgrößen der Räuber- und Beutepopulationen konstant.
Das mathematische Modell stimmt für dieses Beispiel nicht ganz. Schneeschuhhasen zeigen die zyklischen Schwankungen auch in Gegenden, in denen keine Luchse jagen, da diese dort ausgestorben sind. Außerdem geht das Modell davon aus, dass sich der Räuber nur von einer Beute ernährt. Bei Nahrungsknappheit wechseln Luchse jedoch auf andere Beute und wandern ab.

Populationsentwicklung – Folgen und Faktoren

1. a) Versuche A und B: Hält man beide Arten allein, erreicht *P. aurelia* nach etwa einer Woche den Sättigungszustand mit etwa 100 Individuen/Milliliter. *P. caudatum* erreicht diesen Zustand nach acht bis neun Tagen mit einer Individuendichte von 65 Individuen/Milliliter.
Versuch C: Beide Arten werden nun zusammen gehalten und zeigen einen kurzzeitigen gemeinsamen Anstieg der Wachstumskurve. Dann bricht die Population von *P. caudatum* zusammen, sie ist nach 14 Tagen ausgestorben. *P. aurelia* erreicht sein Populationsmaximum erst nach 16 Tagen.
Versuch D: *P. bursaria* und *P. aurelia* werden zusammen gehalten. Die Population von *P. bursaria* nimmt dabei ständig zu (bis etwa 90 Individuen/Milliliter). *P. aurelia* zeigt ein noch stärkeres Wachstum, bei etwa 65 Individuen/Milliliter erreicht es ein Maximum und pendelt sich dann nach 14 Tagen auf eine Dichte von etwa 45 Individuen/Milliliter ein.

   b) *P. aurelia* hat geringere Standortansprüche, die Populationsdichte ist hier höher. Die Art bewohnt wie auch *P. caudatum* den Bodenbereich. Hält man sie beide in einem Gefäß, kommt es zur Konkurrenz um Nahrung und Sauerstoff im Wasser. Die anspruchsvollere Art *P. caudatum* unterliegt im Konkurrenzkampf.
   P. bursaria und *P. aurelia* bewohnen unterschiedliche Bereiche. Trotzdem beeinflussen sie sich: Es sinken weniger Bakterien zu Boden und *P. aurelia* erhält weniger Nahrung, dennoch lässt sich die Population erhalten.

2. Zwischen Pantoffeltierchen und Nasentierchen herrscht eine Räuber-Beute-Beziehung. Am Anfang wächst die Anzahl der Pantoffeltierchen (zum Beispiel in einem Heuaufguss) stetig bis zu einem Maximum, das hier nach sechs Tagen erreicht wurde. Mit der Zahl der Pantoffeltierchen wächst auch die Zahl der Nasentierchen, die hier der Räuber darstellen. Das Wachstum der Nasentierchen-Population erfolgt jedoch zeitlich um einen bis zwei Tage versetzt. Nach etwa sieben Tagen hat diese Population ihr Maximum erreicht, insgesamt bleibt die Größe der Population jedoch unter der der Pantoffeltierchen. Nach einem bestimmten Zeitabschnitt nehmen die Population von Räuber und Beute ab, da die Beute zunehmend gefressen wird und die Räuber mit weniger Beute nicht mehr ausreichend Nahrung finden. Zwischen dem neunten und dem zehnten Tag haben beide Populationen ihr Minimum erreicht. Danach steigt die Population der Pantoffeltierchen wieder an, zeitversetzt um einen bis zwei Tage auch die Population der Nasentierchen.

3. a) Die erste Grafik zeigt die natürlichen Schwankungen einer Teichmolchpopulation in einem Gewässer. Bedingt durch ein unterschiedliches Nahrungsangebot, äußere Umstände, auftretende Feinde usw. bleibt die Populationsgröße nicht immer gleich, unterliegt aber für eine längere Zeit auch keinen großen Abweichungen. In der zweiten Grafik ist die Veränderung der Populationsgröße der Teichmolche nach Einsetzen von Forellen in den Teich dargestellt. Forellen sind Raubfische, sie fressen Teichmolche sowie deren Larven. Die Population der Teichmolche nimmt ständig ab. Ist wie hier die Menge der eingesetzten Forellen zu groß, fressen diese die Mehrzahl der Teichmolche, sodass deren Population zusammenbricht und sich nicht mehr erholt. Eine Hypothese könnte sein, dass die Räuber-Beute-Beziehung im Gewässer einer natürlichen Schwankung unterliegt. Es kommt zu einer Selbstregulation. Die Teichmolchpopulation schwankt, ein ähnlicher Kurvenverlauf würde man für einen Räuber in diesem Gewässer finden. Hat sich die Beute stark vermehrt, nimmt auch die Anzahl der Räuber zu. Gibt es zu viele Räuber kommt die dieses nicht ausreichend Nahrung und ihre Anzahl verkleinert sich. Erst durch das Einsetzen von Forellen kommt die Teichmolchpopulation zum Erliegen, da von einer großen Forellenanzahl viele Teichmolche gefressen werden.

   b) Organismen sind in der Lage, auf Veränderungen der inneren und äußeren Bedingungen zu reagieren. Lebensprozesse laufen so unter nahezu konstanten Bedingungen ab, es stellen sich Fließgleichgewichte ein. Das trifft auch auf Räuber-Beute-Beziehungen zu. Diese laufen stets auf der Ebene der Populationen ab. Eine Regulation erfolgt zwischen den Populationen. Erhöhte Beuteanzahl ruft viele Räuber auf den Plan, was wiederum eine Abnahme der Beutezahl zur Folge hat.

Stoffumsetzungen in einem Fließgewässer

1. Kohlenstoffdioxid aus der Atmosphäre (0,035 Volumenprozent) wird durch den Gasaustausch im Wasser des Fließgewässers gelöst. Hier nehmen es Wasserpflanzen und Algen auf (Phytoplankton), die zur Fotosynthese benötigen und den Kohlenstoff aus dem Kohlenstoffdioxid in ihre Biomasse einbauen. Er liegt nun in organischer Form in Fetten, Kohlenhydraten oder Eiweißen vor. Von den Pflanzen ernähren sich die Konsumenten (z. B. Krebstiere und Fische) in einem Fließgewässer. Sie bauen einen Teil der pflanzlichen Biomasse in tierische Biomasse um. Durch die Zellatmung gewinnen die Konsumenten Energie, sie veratmen organische Stoffe. Dabei wird wieder Kohlenstoffdioxid frei, dieses gelangt durch Gasaustausch zurück in die Atmosphäre – der Kreislauf ist geschlossen. Organisch gebundener Kohlenstoff kann auch in den Exkrementen der Tiere ausgeschieden werden. Auch wenn das Tier stirbt, bauen Bodenorganismen wie Würmer und Bakterien sowie Pilze die organischen Verbindungen ab. Dabei können auch Gärungsprozesse auftreten. Die Destruenten erzeugen Mineralstoffe und Kohlenstoffdioxid, das den Produzenten wieder zur Verfügung steht. Für den Stoffkreislauf eines Fließgewässers sind noch zwei Besonderheiten von Bedeutung: Zum einen wird die pflanzliche Biomasse stark durch den Bestandsabfall und die Ufervegetation beeinflusst. Zum anderen kommt es durch die Fließgeschwindigkeit zum Verdriften von organischem Material und Mineralstoffen.

2. ① Ammonifikation
   ② NH_4^+
   ③ Nitrifikation
   ④ NO_2^-
   ⑤ Nitrifikation
   ⑥ NO_3^-
   ⑦ Stickstoff-Assimilation
   ⑧ Denitrifikation
   ⑨ Denitrifikation
   ⑩ *Nitrosomonas*
   ⑪ *Nitrobacter*
   ⑫ Stickstoff bindende Cyanobakterien
   ⑬ denitrifizierende Bakterien
   ⑭ Phytoplankton

   Stickstoff ist Bestandteil der Proteine und wird von allen Organismen gebraucht. Das Phytoplankton im Gewässer nimmt Stickstoff in Form von Nitraten auf, selten in Form von Ammonium-Ionen. Einige Cyanobakterien sind in der Lage, molekularen Stickstoff aus der Luft zu binden. Dieser Vorgang spielt überall dort eine Rolle, wo Stickstoff nicht in ausreichender Menge im Wasser vorhanden ist. Cyanobakterien bilden wie auch das Phytoplankton organische Stickstoffverbindungen. Dem Wasser werden durch die Exkremente der Tiere und beim Absterben von Tieren und Pflanzen wieder organische Stickstoffverbindungen zugeführt. Organische Stickstoffverbindungen werden durch Eiweiß abbauende Bakterien und Pilze zerlegt. Man bezeichnet diesen Vorgang als Ammonifikation. Die Oxidation des Ammonium-Ions zum Nitrit-Ion wird durch das Bakterium *Nitrosomonas* bewirkt. Die weitere Oxidation zum Nitrat-Ion erfolgt durch die Gattung *Nitrobacter*. Beide Vorgänge gehören zur Nitrifikation und laufen nur unter aeroben Bedingungen ab. Das gebildete Nitrat kann nun vom Phytoplankton genutzt werden. Bei Sauerstoffmangel wird das Nitrat wieder reduziert. Zu dieser Denitrifikation sind viele Mikroorganismen fähig.

3. Bei Gewässern sind die Mineralstoffgehalt und das Nährstoffangebot durch die geologischen Bedingungen und durch die Wechselwirkung mit der Ufervegetation bedingt. Beide Faktoren wirken sich auf das Wachstum pflanzlicher und tierischer Biomasse und die Artenvielfalt aus. Bei fließenden Gewässern werden Mineral- und Nährstoffe durch die Strömung flussabwärts transportiert. Ihr Umsatz findet häufig erst geraume Zeit nach ihrer Produktion und in der Regel nicht am Entstehungsort statt. Man spricht deshalb von Stoffspiralen.

4. Hypothese: Die Abhängigkeit des Stoffhaushaltes eines Fließgewässers vom Einzugsgebiet nimmt im Verlauf des Fließgewässers kontinuierlich ab. Begründung: Im Oberlauf findet die Nährstoffproduktion fast ausschließlich außerhalb des Gewässers statt (allochthoner Nährstoffeintrag). Der Abbau eingetragener pflanzlicher Biomasse bildet die Nahrungsgrundlage für Lebewesen in den folgenden Gewässerabschnitten. Mit Zunahme der Wasserpflanzenbiomasse steigt der Anteil der gewässerinternen (autochthonen) Produktion bis zur Mündung kontinuierlich an, die Abhängigkeit vom Einzugsgebiet nimmt also ab.

Selbstreinigungsvorgänge in einem Fließgwässer

1. ① Diagramm oben: Mit dem Abwasser werden organische Verschmutzungsstoffe in das Fließgewässer eingeleitet, die viele Nährstoffe für Bakterien, Pilze und Einzeller (Protozoen) enthalten. Diese Gruppen von Lebewesen vermehren sich aufgrund des guten Nährstoffgehaltes sehr stark, sodass ihre Kurven entsprechend ansteigen. Dagegen finden Algenarten schlechtere Lebensbedingungen vor. Aufgrund der eingeleiteten Trübstoffe erhalten die Algenarten nicht genügend Licht. Ihre gemeinsame Populationskurve bricht ein. Mit zunehmender Fließstrecke wird das Nahrungsangebot der Bakterien, Pilze und Einzeller zum einen durch Verdünnung und zum anderen durch Verbrauch (Zersetzung) schlechter, sodass ihre Populationskurven wieder auf den Stand vor der Einleitung zurückgehen. Mit der Verdünnung und Zersetzung und damit Klärung des Abwassers verbessern sich die Lichtverhältnisse und die übrigen Lebensbedingungen der Algenarten. Die Kurve ihrer Populationen steigt wieder an. Begünstigt wird das Algenwachstum auch durch die Pflanzennährstoffe, die bei der Zersetzung freigesetzt werden. Nach Verbrauch dieser Nährstoffe geht die Kurve der Algenpopulationen wieder zurück.
① Diagramm unten: Nach der Einleitung sinkt der Sauerstoffgehalt stark ab. Die Sauerstoffzehrung durch die Abbauprodukte völlig zu oxidieren. Bei der Zersetzung der Eiweißstoffe in den Haushaltsabwässern entstehen z. B. reduzierte Stickstoffverbindungen in Form von Ammonium-Ionen. Mit zunehmendem Sauerstoffgehalt werden diese zu Nitrat-Ionen oxidiert. Die beiden Kurven verlaufen durch der beschriebenen Vorgänge versetzt. Mit zunehmender Fließstrecke fällt die Ammonium- und steigt die Nitrat-Kurve. Phospat-Ionen sind weitere Nährsalz-Ionen, die bei der Mineralisierung der Abwasserinhaltsstoffe entstehen. Ähnlich wie die Nitrat-Ionen geht auch die Phosphat-Ionenkonzentration mit zunehmender Fließstrecke durch Verdünnung und Verbrauch auf ihren Ausgangswert zurück.
② Die Maxima der Populationskurven der angegebenen Tierarten sind in Richtung Fließstrecke verschoben. Offenbar finden sie jeweils in verschiedenen Bereichen der sich verändernden Verhältnisse ihr Optimum. Mit zunehmender Zersetzung stellen sich die ursprünglichen Verhältnisse wieder her und damit kehren die Lebewesen, die vor der Einleitung im Fließgewässer lebten, wieder zurück.

2. Biologisch abbaubare Substanzen wie Bestandsabfall, Leichen, Ausscheidungen können durch Organismen (Destruenten), genügend Sauerstoff vorausgesetzt, im Fluss vollständig zersetzt und mineralisiert werden. Wenn dies geschieht, spricht man von einer biologischen Selbstreinigung des Flusses. In einem Fluss gibt es viele Nahrungsbeziehungen, die auf Detritus aufbauen. Erst durch diese Detritusfresser sind die zahlreichen folgenden Räuber-Beute-Beziehungen möglich.

3. Aus den Materialien geht hervor, dass sich nach der Belastung mit biologischen Verschmutzungsstoffen und mit der Intensität des Abbaues die chemischen Faktoren und die Zusammensetzung der Lebewesen nach Art und Menge ändern. Man könnte also sowohl die Konzentrationen bestimmter chemischer Faktoren als auch bestimmter Lebewesen als Indikatororganismen zur Einschätzung der Gewässergüte heranziehen.

Die Tiere kehren zurück

1. Beide Kurven zeigen Tiefstände (zwischen 4 und 5 mg/l) im Sauerstoffgehalt beider Flüsse und das Jahr 1970 an. Während im Rhein anschließend der Sauerstoffgehalt kontinuierlich auf etwa 10 mg/l zunahm, stieg er in der Elbe erst ab 1990 auf etwa denselben Wert an. Der Sauerstoffgehalt hängt vor allem von der Belastung der Flüsse mit biologisch abbaubaren Verschmutzungsstoffen ab. Je mehr solcher Stoffe im Gewässer sind, umso mehr Sauerstoff wird durch die mikrobielle Zersetzung benötigt. Danach wäre die Belastung Anfang der 70er Jahre in beiden Flüssen am größten gewesen. Durch den Bau von Klärwerken in den 70er und 80er Jahre sank die Belastung des Rheins. Mit der Abnahme der Belastung stieg auch wieder der Sauerstoffgehalt im Rhein. An der Elbe stellten nach der politischen Wende Abwasser einleitende Betriebe ihre Produktion ein. Zusätzlich wurden Klärwerke gebaut. Beide Maßnahmen verringerten die Belastung der Elbe sehr stark, sodass der Sauerstoffgehalt und damit die Gewässerqualität anstiegen.

2. Mit abnehmendem Sauerstoffgehalt in den Flüssen sank die Artenzahl der Tiere in der Bodenfauna. Es ist anzunehmen, dass nicht nur der sinkende Sauerstoffgehalt den Rückgang der Artenzahlen bewirkte, sondern auch andere Verschmutzungsfaktoren wie z. B. Schwermetalle. Umgekehrt nahmen mit dem Rückgang der eingeleiteten Verschmutzungsstoffe und dem dadurch steigenden Sauerstoffgehalt die Artenzahlen wieder zu. Von den ursprünglich etwa 160 Arten im Oberrhein waren 1975 nur noch ca. 20 Arten vorhanden. Bis 1995 hatten sich wieder etwa 140 Arten angesiedelt. In der Elbe kamen ursprünglich etwa 120 Arten vor, die bis 1970 auf etwa 50 Arten abnahmen. 1995 besiedelten schon wieder über 80 Arten die Bodenfauna der Elbe. Besonders beim Rhein wird deutlich, dass sich die Zusammensetzung der Bodenlebensgemeinschaft verändert hat. So sind z. B. die Insektenarten zurückgegangen, während Weichtier- und Egelarten zugenommen haben. Wasserbauliche Maßnahmen wie Begradigungen, die zur Zerstörung von Altarmen und Auengebieten geführt haben, Staustufen und die Schifffahrt sind für die Umstrukturierung der Lebensgemeinschaften mitverantwortlich.

3. Das 1994 begonnene Programm zur Wiedereinbürgerung des Elbelachses ist deshalb erfolgreich, weil die Gewässerqualität in der Elbe seit 1990 stark zunimmt. Der Sauerstoffgehalt stieg stark an und erreicht inzwischen Werte aus der Zeit um 1930. Auch die Zahl der Insekten der Bodenfauna stieg an. Damit wurden Bedingungen geschaffen, die eine Wiederansiedelung des Elbelachses ermöglichen. Die Tiere werden in kleineren, saubereren Bächen, zum Beispiel im Elbsandsteingebirge, ausgesetzt und prägen sich den Geruch dieses Gewässer ein. Danach schwimmen sie ins Meer und wachsen dort heran. Die erwachsenen Tiere kommen dann wieder in das Gewässer zurück, in das sie eingesetzt wurden beziehungsweise in dem sie geschlüpft sind. Um ins Meer beziehungsweise wieder zurück ins Laichgewässer zu gelangen, sind künstliche Fischtreppen notwendig, die neben den für die Schifffahrt wichtigen Schleusen angelegt werden. Mittlerweile beginnt sich eine Population von Lachsen in der Elbe aufzubauen, dennoch müssen jährlich noch Brütlinge eingesetzt werden, da die Anzahl der laichfähigen, zurückgekehrten Tiere noch zu gering ist, um die Population von selbst aufrecht zu erhalten.

Folgen einer Fließgewässerbegradigung

1. Fließgewässerbegradigungen führen zu einer Erhöhung der Fließgeschwindigkeit, damit verändert sich die Fauna, die Lebensgemeinschaft verarmt. Laichgebiete und Rückzugsmöglichkeiten für Tiere gehen verloren. Die Folge ist eine geringere Selbstreinigungskraft des Gewässers und ein Artenabwandern beziehungsweise Aussterben. Die Erhöhung der Fließgeschwindigkeit führt außerdem zu verstärkter Seiten- und Sohlenerosion. Diese Auswirkung wird durch Veränderung beziehungsweise Beseitigung der Ufergehölze verstärkt. Durch die starke Reduzierung der Flussauenfläche nimmt die Gefahr von Überschwemmungen zu, da die Versickerungsfläche fehlt. Der schnellere Abtransport des Oberflächenwassers führt zu einer Absenkung des Grundwasserspiegels im Gebiet des Unterlaufes der Saale. Dadurch verändern sich auch angrenzende Ökosysteme: Feuchtwiesen und Auwälder verschwinden.

2. Die Begradigung von Fließgewässern hat direkte Auswirkungen auf Fließgeschwindigkeit, Zusammensetzung der Lebensgemeinschaft, Selbstreinigungskraft und Wasserqualität des Gewässers. Diese Veränderungen wirken durch die Absenkung des Grundwasserspiegels und die erhöhte Gefahr von Überschwemmungen auf die Natur- und Siedlungsräume im Einzugsgebiet des Gewässers zurück.

Schutz von Fließgewässern

1. Unter „guter Zustand" wird das Erreichen der Gewässergüteklasse II bei allen Oberflächengewässern und dem Grundwasser verstanden. Gewässergüteklasse II ist gekennzeichnet durch eine geringe bis mäßige Belastung mit Verunreinigungen. Das Wasser ist klar und sauerstoffreich, die O_2-Zehrung gering, Oxidation und Mineralisation laufen nahezu vollständig ab.

2. Bei Schutzmaßnahmen wird grundsätzlich unterschieden zwischen der Vermeidung einer nachteiligen Veränderung und dem Anstreben eines guten Zustandes. Zur Vermeidung nachteiliger Veränderungen gehören der Schutz von Auenwäldern und Bebauungsverbote in bislang nicht besiedelten, flussnahen Gebieten. Das Anstreben eines „guten Zustandes" kann durch die Verlegung von Deichen, das Rückgängigmachen von Flussbegradigungen und durch die Steuerung der Siedlungsentwicklung in bereits besiedelten flussnahen Gebieten erreicht werden. Alle genannten Maßnahmen haben direkte Auswirkungen auf Fließgeschwindigkeit, Zusammensetzung der Lebensgemeinschaft, Selbstreinigungskraft und Wasserqualität des Gewässers. Sie bewirken eine Anhebung des Grundwasserspiegels und mindern die Gefahr von Überschwemmungen, da sie die Versickerungsflächen im Einzugsgebiet des Gewässers erhöhen.

3. Nachhaltigkeit beinhaltet mehrere Aspekte: Schutz und Erhaltung eines Lebensraums für nachfolgende Generationen sowie die Ermöglichung der wirtschaftlichen Nutzung eines Lebensraumes. Zu untersuchen und zu bewerten ist an diesem Beispiel, ob der wirtschaftliche Nutzen einer Fließgewässerbegradigung (Schifffahrt) den wirtschaftlichen und sozialen Schaden (Tourismus) sowie die irreparablen Veränderungen des Ökosystems aufwiegen.

PRAKTIKUM

Physikalisch-chemische Gewässergütebestimmung

1 Bestimmung der physikalisch-chemischen Parameter

a) Unterschiedliche Wetterlagen sowie die Lufttemperatur haben Einfluss auf die Temperatur und Sauerstoffkonzentration des Wassers. Gewässerbesonderheiten wie Art der Uferbefestigung und Ufervegetation sowie die Fließgeschwindigkeit weisen auf den Grad der menschlichen Einflussnahme und mögliche Beeinträchtigungen hin. Geruch, Trübung und Färbung sind ein Hinweis auf den Eintrag organischer Stoffe. So ist z. B. Schaumbildung ein deutliches Zeichen für die Verunreinigung mit Eiweißstoffen. Sauerstoffgehalt und pH-Wert sind wichtige Kriterien für die Ermittlung des Grads der organischen Belastung. Hohe Messwerte bei den Stickstoffverbindungen weisen ebenfalls auf einen hohen Eintrag organischen Materials und dessen Abbau hin. Sie sind ein Zeichen für Überdüngung, da Pflanzen offensichtlich nicht in der Lage sind, alle Mineralstoffe aufzunehmen. Es ist zu berücksichtigen, ob es sich bei dem untersuchten Gewässerbereich um einen eher quellnahen oder mündungsnahen Abschnitt handelt. Messfehler können die Auswertung beeinträchtigen. Viele Mineralstoffkonzentrationen werden über Farbveränderungen oder Farbumschläge ermittelt. Die Aussagen werden durch subjektive Farbwahrnehmungen ungenau. Mehrfaches Wiederholen minimiert diese Fehler. Dieses Verfahren stellt zudem sicher, dass es sich bei den ermittelten Werten nicht um ein punktuelles Phänomen handelt, was bei Fließgewässern typisch wäre.

b) Beispielprotokoll: Das Gewässer hat an dieser Messstelle Güteklasse II–III

Probennummer	1	2	3	4	5	6
Datum	30. 4. 07	30. 4. 07	30. 4. 07	30. 4. 07	30. 4. 07	30. 4. 07
Uhrzeit	6.30	6.45	7.00	7.15	7.30	7.45
Probennehmer	Max Müller					
Luftdruck (hPa)	747					
Wetterlage	leicht bewölkt					
Lufttemperatur (°C)	7,5					
Wassertemperatur (°C)	9,5					8,0
Gewässerbesonderheiten	keine					
Geruch – Intensität	schwach					
– Art	erdig					
Trübung (visuell)	schwach					
Färbung – Intensität	schwach					
– Farbton	gelblich					
Sauerstoffgehalt (mg/l)	12,7	12,7	12,9	12,7	12,9	13,1
pH-Wert	7,8	7,8	7,7	7,8	7,9	7,8
Gesamthärte (°dH)	12	11	12	12	11	12
Ammonium-Ionen (NH_4^+) (mg/l)	0,8	0,8	0,8	0,8	0,8	0,8
Nitrat-Ionen (NO_3^-) (mg/l)	5	7,5	5	5	7,5	7,5
Nitrit-Ionen (NO_2^-) (mg/l)	–	–	–	–	–	–
Phosphat-Ionen (PO_4^{3-}) (mg/l)	0,14	0,14	0,18	0,14	0,18	0,18
Leitfähigkeit (µS)	723	725	697	733	725	715
Strömungsgeschwindigkeit (m/s)	0,3	0,3	0,3	0,2	0,3	0,3
Müll (Art)	–	–	–	–	–	–
Schaumbildung	keine					

c) Je nach Messergebnissen.

PRAKTIKUM

Biologische Gewässergütebestimmung

1 Sammeln und Bestimmen der Tiere

a) Lebewesen reagieren auf verschiedene Intensitäten eines Umweltfaktors in unterschiedlichem Ausmaß. Sie sind nicht nur an die Intensität der Umweltfaktoren angepasst, sondern sie stehen mit ihrer Umwelt in Wechselwirkung. Dies bedeutet, dass sie einerseits auf ihre Umwelt reagieren, sie andererseits aber auch verändernd gestalten. Die gesamte Reaktionsfähigkeit eines Lebewesens auf einen Umweltfaktor bezeichnet man als seine ökologische Potenz. Die ökologische Potenz von Arten ist bei Umweltfaktoren unterschiedlich ausgeprägt. Bei einem weiten Toleranzbereich ist die Art hinsichtlich dieses Faktors eurypotent, bei einem engen Toleranzbereich wird sie als stenopotent bezeichnet. Arten, die für die in einem Fließgewässer herrschenden Umweltfaktoren stenopotent sind, lassen bei zahlenmäßig höherem Vorkommen quantitative Aussagen über den Umweltfaktor zu, können also als Zeigerorganismen für die Intensität des Umweltfaktors genommen werden.

b) Ein hoher Gütefaktor ist aussagekräftiger, da die Ermittlung der Gewässergüteklasse über das Produkt erfolgt.

c) Es empfiehlt sich, Messstellen so zu wählen, dass eine Veränderung der Gewässergüte möglich ist. Bei kürzeren Fließgewässern haben sich quellnahe und quellferne, bei längeren Flüssen Standorte vor und nach Kläranlagen bewährt. Eine mögliche Erfassung könnte folgendermaßen aussehen:

Name des Gewässers:	Kleine Hase		Name des Probennehmers:	Naturkunde-AG		
Lage der Probestelle:	5000 m von Quelle		Datum: 6. 3. 2006			
Bemerkungen:	keine					

Liste der gefundenen Tiere:	Anzahl		Häufigkeit	x	Gütefaktor	=	Produkt
Strudelwürmer				x	2,0	=	
Steinfliegenlarven				x	1,3	=	
Eintagsfliegenlarven	1		1	x	1,8	=	1,8
Köcherfliegenlarven	7		2	x	1,8	=	3,6
Libellenlarven				x	2,0	=	
Schlammfliegenlarven				x	2,2	=	
Flohkrebse	94		4	x	2,0	=	8,0
Wasserasseln	77		4	x	2,7	=	10,8
Flussmuscheln				x	2,0	=	
Kugelmuscheln	7		2	x	2,3	=	4,6
Federkiemenschnecken				x	2,3	=	
Napfschnecken				x	2,0	=	
Tellerschnecken	34		3	x	2,0	=	6,0
Schlammschnecken	33		3	x	2,5	=	7,5
Egel	7		2	x	2,5	=	5,0
rote Zuckmückenlarven				x	3,5	=	
Wenigborster (Schlammröhrenwurm)				x	3,5	=	
					Gesamtsumme:		47,3

Gesamtsumme 47,3 : Gesamthäufigkeit 21 = Gewässergüte 2,3

Gesamthäufigkeit: 21

Güteklasse II–III

Häufigkeit: 1 = Einzelexemplar; 2 = selten; 3 = häufig; 4 = massenhaft.

Die Feldhecke – abiotische Faktoren

1. ① Krautschicht
   ② Saum
   ③ Mantelzone
   ④ Kernzone
   ⑤ Dach
   ⑥ Strauchschicht
   ⑦ Bodenschicht
   ⑧ Baumschicht

2.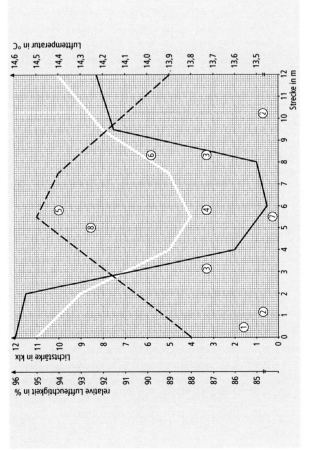

In der Saumzone ist es etwas wärmer und deutlich heller als in Mantel- und Kernzone. Die relative Luftfeuchtigkeit ist in der Saumzone niedriger als in Mantel- und Kernzone. Mantel- und Kernzone unterscheiden sich in Temperatur und relativer Luftfeuchtigkeit kaum, die Lichtstärke ist in der Kernzone niedriger.

3. Die Grafik zeigt die Auswirkung einer quer zur Windrichtung verlaufenden Hecke auf die benachbarte landwirtschaftlich genutzte Fläche. Auf der Leeseite der Hecke sind Taubildung, Niederschlag und Bodenfeuchte zum Teil deutlich höher als im Durchschnitt der landwirtschaftlich genutzten Fläche. Windgeschwindigkeit und Evaporation sind dagegen deutlich niedriger. Der Ernteertrag auf dieser Fläche ist bis zu 60 Prozent höher (Gewinnzone). Hecken wirken sich also durch die Veränderung der abiotischen Faktoren in ihrem Windschatten ertragssteigernd aus. Von diesem Gewinn muss der Verlust, der durch den Platzbedarf einer Hecke entsteht, abgezogen werden. Die Auswirkungen der Hecke auf das Umland sind abhängig von ihrer Höhe.

Heckenpflanzen

1. Folgende Beispiele lassen sich zuordnen: Felsige Steilhänge: Felsenbirne, Schlehe, Weißdorn, Wolliger Schneeball, Besenginster, Alpen-Johannisbeere, Alpenrose, Wildrose
   Küstendünen: Sanddorn, Schwarzer Holunder, Vogelbeere
   Moorränder: Grauweide, Faulbaum, Ohnweide, Gagelstrauch

2. ① Schlehe, ② Himbeere, ③ Weißdorn, ④ Waldrebe, ⑤ Schwarzer Holunder

3. Gemeinsam ist das Vorhandensein der einzelnen Blattschichten. Folgende Unterschiede ergeben sich:

Vergleichspunkt	Mesophyt	Xerophyt
Blattgröße, Gestalt	mittelgroß, meist weich	oft kleinere Blattfläche, derb, lederartig
Epidermis	oft dünne Cuticula aufgelagert, einschichtig	stärkere Cuticula aufgelagert oder mehrschichtige Epidermis
Palisadengewebe	einschichtig	zwei- oder mehrschichtig
Schwammgewebe	locker	locker, kräftig ausgebildet
Spaltöffnungen	meist auf Blattunterseite	meist auf Blattunterseite, zusätzlich eingesenkt
Haare	fehlen	tote, weiße Haare, können auch Spaltöffnung zusätzlich schützen

In einer Hecke findet man Mesophyten, also Pflanzen wechselfeuchter Standorte, in der Kernzone und auf der Schattenseite. Xerophyten siedeln bevorzugt auf der Sonnenseite in der Mantel- und Saumzone. Sie sind durch ihre Verdunstungseinrichtungen und die kleinen, dickeren Blätter gut an helle, wärmere Standorte angepasst.

4. Lichtliebende Arten haben häufig xeromorphe Blätter mit einem zusätzlichen Verdunstungsschutz durch eingesenkte Spaltöffnungen oder weiße, tote Haare, die das Sonnenlicht reflektieren. Die Blattfläche ist klein, zusätzlich können die Blätter auch manchmal eingerollt oder senkrecht gestellt werden, um weniger UV-Strahlung zu erhalten. Die Blätter sind meist etwas dicker und können auch leicht sukkulent sein. Die Chloroplasten enthaltenden Schichten des Palisaden- und Schwammgewebes sind meist mehrschichtig. Lichtpflanzen erhalten genug Sonnenlicht, das auch in tiefere Schichten vordringen kann. Die Fotosynthese setzt meist erst bei voller Belichtung ein. Blüten und Früchte werden nur bei ausreichender Belichtung gebildet. Alle diese Merkmale zeigen Angepasstheiten der Pflanzen an einen hellen und meist trockenen Lebensraum. Es trifft also das Erschließungsfeld „Angepasstheit" zu.

Schlehe/Schlehdorn (Prunus spinosa)
Größe: 1 bis 3 m
Blätter: wechselständig, ungeteilt, breit-lanzettlich, gestielt, Blattrand gesägt
Blüten: klein, weiß, kurzgestielt, Blütezeit April bis Mai
Früchte: schwarzblau, bereift, Steinfrüchte, nach Frost essbar
Vorkommen: Waldränder, Gebüsche, Hecken, verbreitet

Liguster (Ligustrum vulgare)
Größe: 1 bis 5 m
Blätter: gegenständig, schmal-elliptisch, lederartig, kahl, Oberseite dunkelgrün, Unterseite heller, ganzrandig
Blüten: klein, weiß, in endständigen Rispen, unangenehm duftend
Früchte: Beeren, erbsengroß, reif glänzend-schwarz, ungenießbar
Vorkommen: Waldränder, Gebüsche, Hecken, verbreitet, auch Zierstrauch

5. Brombeere, Waldrebe, Wilder Hopfen, Efeu, Jelängerjelieber

WIEDERHOLUNG

Pflanzen als Standortanzeiger

1. Manche Pflanzen stellen ganz bestimmte Ansprüche an ihre Standortfaktoren. Sie sind in Bezug auf einen Umweltfaktor stenök, d. h., ihr Toleranzbereich ist sehr gering, der Faktor darf nur innerhalb enger Grenzen schwanken. Man bezeichnet solche Pflanzen als Zeigerpflanzen.

2.

Trockenheitszeiger	Feuchtezeiger	Lichtzeiger	Schattenzeiger
• Sanddorn • Mauerpfeffer • Zypressenwolfsmilch	• Ohrweide • Trollblume • Wasserminze	• Zaun-Wicke • Wacholder • Hundsrose	• Tollkirsche • Goldnessel • Waldsauerklee

3.

Säurezeiger	Kalkzeiger	Stickstoffzeiger	Salzzeiger
• Besenginster • Heidekraut • Torfmoos	• Silberdistel • Leberblümchen • Edelweiß	• Große Brennnessel • Weiße Taubnessel • Vogelmiere	• Strandnelke • Strandaster • Strandflieder

4. ① Kanadische Goldrute – Stickstoffzeiger
② Schwarzer Holunder – Stickstoffzeiger
③ Wiesenglockenblume – Lichtzeiger
④ Springkraut – Feuchtezeiger
⑤ Mauerpfeffer – Trockenheitszeiger
⑥ Preiselbeere – Säurezeiger
⑦ Sumpfdotterblume – Feuchtezeiger
⑧ Kuhschelle – Kalkzeiger
⑨ Kleiner Ampfer – Säurezeiger
⑩ Queller – Salzzeiger

Die Feldhecke – biotische Faktoren

1.

Biotischer Faktor/Beziehung	Tierart	Erläuterung
Eusoziale Gesellschaft Tierstaat	Ameisen	höchstentwickelte Form eines Verbandes bei Tieren; der „Tierstaat" besteht in der Regel viele Jahre; er zeichnet sich durch Arbeitsteilung aus
Symbiose	Ameisen – Blattläuse	beide Arten haben im Beziehungsgefüge einen Vorteil voneinander
interspezifische Konkurrenz	spezifische Blattlausräuber	spezifische Räuber sind auf die gleiche Beuteart angewiesen, konkurrieren also sehr stark um Nahrung miteinander
Räubertum	unspezifische und spezifische Räuber	Beutegreifer, Grad der Konkurrenz ist abhängig von dem Ausmaß der Spezialisierung
Parasitismus	Blattlausparasitoide	parasitär lebende Organismen, die ihren Wirt schon während ihrer Entwicklung töten
Hyperparasitismus	Hyperparasitoide	Befall eines Parasiten durch einen eigenen Parasiten
Pathogenie	Pilze	Ansiedlung auf Honigtau birgt Gefahr der Übertragung von Krankheitserregern

2. Die Grafik zeigt eine Anzahl der pflanzenfressenden Insektenarten in Abhängigkeit von der Anzahl der Gehölzarten in einer Hecke. Mit Zunahme der Anzahl der Gehölzarten von eins auf ungefähr acht bis zehn steigt auch die Anzahl der pflanzenfressenden Insektenarten. Ist die Anzahl der verschiedenen Gehölzarten höher, stagniert die Anzahl der Insektenarten auf diesem Niveau. Eine hohe Phytophagenanzahl sieht eine Erhöhung der Räuberarten nach sich, da diese jetzt ausreichend Nahrung finden. Die Folge ist eine höhere Komplexität und Stabilität des Nahrungsnetzes. Die Komplexität eines Nahrungsnetzes lässt sich durch die Anzahl der Pflanzenarten steigern, aber nur bis zu einem gewissen Grad (Viel hilft nicht nicht viel!).

3. Längere Hecken haben kaum Auswirkungen auf die Zahl der Insektenarten, wohl aber auf die Zahl der Insekten. Weniger Lebensraum und damit geringere Individuenzahlen erschweren die Regulation der Populationsdichte. Populationen können sich nach einem Rückgang der Individuenzahl schlechter erholen. Die Gefahr des Aussterbens einer Art und damit des Wegfalls aus dem Nahrungsnetz steigt.

PRAKTIKUM

Eine Hecke entwickelt sich

1. Natürliche und vom Menschen geschaffene Ökosysteme unterliegen zeitlichen Veränderungen. Dabei folgen verschiedene Entwicklungsstadien aufeinander, ein Prozess, der als Sukzession bezeichnet wird. Zuerst sieht man, dass sich an einem Randstreifen mit Steinen verschiedene kleine Wildkräuter ansammeln. Meist handelt es sich um anspruchslose Arten, die mit viel Sonne, Trockenheit und einem mageren Boden zurechtkommen. Auch Samen von Bäumen und Sträuchern können an dem kleinen Wall hängen bleiben und keimen. Nach fünf Jahren hat sich eine Lebensgemeinschaft mit jungen Sträuchern, einigen Kräutern und Gräsern entwickelt. Die Tierwelt ist noch recht artenarm, nur Mäuse und Kaninchen findet man bereits. Im zehnten Jahr hat sich die Hecke bereits weiterentwickelt. Die Sträucher sind gewachsen. Ein Übergangsstadium zwischen Niedrighecke (1 m Höhe) und Mittelhecke (bis 2,5 m Höhe) ist erreicht. Die Sträucher bilden schon Blüten und Früchte aus. Zusätzliche Tierarten wie Kröten, Vögel, Schnecken und Schmetterlinge stellen sich ein. Als Endkonsument tritt zum Beispiel der Fuchs auf. Die Beziehungen zwischen den einzelnen Mitgliedern der Biozönose werden komplexer. Auch die abiotischen Faktoren ändern sich. Durch den Laubfall und die anschließende Zersetzung reichert sich der Boden mit Humus an. Die Luftfeuchtigkeit in der Hecke steigt an und die Temperatur ist etwas niedriger als in der Umgebung. So können sich auch anspruchsvollere Arten ansiedeln. Nach 25 Jahren hat sich eine voll entwickelte Hecke mit einer vorgelagerten Saumzone gebildet, in der viele verschiedene Kräuter (Labkraut, Platterbse, Wicke, Heckenknöterich, Storchschnabel...) optimale Lebensbedingungen finden. In der Mantelzone dominieren unterschiedliche Straucharten. In der Kernzone stehen jetzt auch einzelne, höhere Bäume, die zum Beispiel Raubvögeln oder Insekten fressenden Singvögeln wie Neuntöter als Ansitzplatz zum Beutefang dienen. Die Hecke nimmt nun mit allen Zonen eine Breite von rund acht Metern ein. Vor allem Insekten wie Schmetterlinge, Käfer, Hautflügler finden in Hecken zahlreiche Nischen. So hat sich die Artenvielfalt der Tiere stark erhöht.

2. Hecken sollen nicht auf von Natur aus strauch- und baumfreien Flächen angelegt werden. Hier würden ebenfalls alle Entwicklungsstadien ablaufen, sodass die Hecken zum Schluss die anderen Ökosysteme vollständig verdrängt und überwachsen hätten.
Durch das Setzen einzelner Bäume und Sträucher kann man Zeit sparen, die weitere Entwicklung und Ansiedlung von Arten wird beschleunigt.
Heimische und standortgerechte Arten passen zum Landschaftscharakter, sie ermöglichen die Entwicklung naturnaher Pflanzengesellschaften und erfüllen die Nahrungsansprüche der heimischen Tierwelt besser als fremdländische Gehölze.
Pioniergehölze sind recht anspruchslos und wachsen sehr schnell. Dadurch können sie auch andere Arten unterdrücken und so in der Entwicklung hemmen, dass sie zum Schluss allein vorherrschend sind. Daraus ergibt sich eine zu starke Artenarmut.
Hecken brauchen regelmäßig alle 10 bis 20 Jahre Pflege, alte Bestände müssen zum Beispiel verschnitten werden, damit Form und Artenvielfalt erhalten bleiben. In Hecken ohne Pflege würden bestimmte Arten schneller und stärker wachsen und alle anderen verdrängen. Aufwachsende Baumgruppen könnten die anderen Pflanzen auch zu stark beschatten.
Ein Kahlschlag wird dadurch vermieden, dass nur bestimmte Teile der Hecke zurückgeschnitten werden, so bleiben Rückzugsgebiete für Tiere bestehen. Den gleichen Grund hat die Einzelentnahme. Sie ermöglicht ein Auslichten, ohne größere Teile zu schädigen.
Die Entnahme sollte im Winter erfolgen, weil viele Heckenbewohner jetzt nicht dadurch gestört werden.
Würde man die Randstreifen mitdüngen, verändert man den Nährstoffgehalt des Bodens. Stickstoff liebende Arten wie Brennnessel, Giersch und Schwarzer Holunder siedeln sich verstärkt an und wachsen besonders gut. Sie überwuchern junge Sträucher und Bäume und nehmen ihnen das Licht. Arten, die Stickstoffmangel lieben, können an solchen Standorten ebenfalls nicht mehr gedeihen.

Feldökologische Untersuchungen an der Hecke

1 Kartierung von Hecken

Beispiel:

	Vegetationsaufnahme						Zeigerwertberechnung			
	m	L	F	R	N	h	hL	hF	hR	hN
Weißdorn	3	7	4	8	3	3	21	12	24	9
Schlehe	2	7	x	x	x	2	14	0	0	0
Hundsrose	2	8	4	x	x	2	16	8	0	0
Salweide	1	7	6	7	7	1	7	6	7	7
Hasel	1	6	x	x	x	1	6	0	0	0
						Su	64	26	31	16
						T	9	6	4	4
						W	7,1	4,3	7,75	4

Standortbedingungen:
Die relative Beleuchtungsstärke liegt nur wenig unter 40 Prozent. Der Boden ist gut durchfeuchtet, aber nicht nass. Sein pH-Wert schwankt um 7. Er enthält vermutlich Kalk. Der Stickstoffgehalt ist durchschnittlich.

2 Temperaturmessung

a) Orientieren Sie sich bei der Bearbeitung dieser Aufgabe an Seite 23, Aufgabe 2.

b) Je nach Messergebnissen.

3 Lichtmessung

Je nach Untersuchungsgebiet.

4 Feuchtegehaltbestimmung des Bodens

Je nach Messergebnissen.

PRAKTIKUM

Auch Hecken bekommen Noten

1 Ermittlung des Gehölzartenfaktors

Beispiel:

Gehölzart	Bewertungszahl	Häufigkeitsfaktor	Einzelfaktor
Pfaffenhütchen	1	2	1 x 2 = 2
Weißdorn	15	3	45
Schlehe	15	3	45
einheimische Rosenarten	15	3	45
Salweide	10	2	20
Hasel	10	2	20
Brombeere	5	2	10
Himbeere	5	2	10
Feldahorn	5	2	10
Vogelbeere	5	2	10
...	3		
...	3		
...	3		
...	3		
(alle weiteren Arten)	1		
Gehölzartenfaktor (A)		Summe Σ	215

2 Ermittlung des Altersklassenfaktors und des Flächendichtefaktors

Erfassung des Alters der Hecke

in der Hecke vorkommende Altersklassen	Altersspanne in Jahren	Altersklassenfaktor (B)
I, II, III, IV	< 6 bis >20	8
I, II, III	< 6 bis >10	4
III, IV	>10 bis >20	4
I, II	< 6 bis 10	2
I	< 6	1

Erfassung der Flächendichte von Hecken

Heckenlänge	Flächendichtefaktor (C)
>80 Meter pro Hektar	3
25 bis 80 Meter pro Hektar	2
<25 Meter pro Hektar	1

3 Benotung

Einschätzung der tierökologischen Bedeutung

215 x 8 x 2 = 3440

Produkt aus (A) x (B) x (C)	ökologische Einschätzung	Note
0–500	von geringem ökologischen Wert	4
501–1500	von mittlerem ökologischen Wert	3
1501–4500	ökologisch wertvoll	2
>4501	von hohem ökologischen Wert	1

Die Hecke bekommt die Note 2.

Die Wiese – ein terrestrisches Ökosystem

1. Ⓐ Oberschicht Ⓑ Mittelschicht Ⓒ Unter- und Streuschicht Ⓓ Wurzelschicht

2.
Blütenschicht	Krautschicht
z. B.	z. B.
• Wiesenkerbel	• Margerite
• Glatthafer	• Wiesenlabkraut
• Knäuelgras	• Wiesenglockenblume
• Wiesenbocksbart	• Scharfer Hahnenfuß
• Wiesen-Rispengras	• Wiesen-Storchschnabel

3.

Blütenbesucher	Pflanzensauger und -fresser	Räuber	Wurzelfresser
① Schwebfliege	⑥ Raupe	⑧ Weichkäfer	⑯ Engerling
② Moschusbock	⑨ Blattkäfer	⑩ Marienkäferlarve	⑰ⓐ Larve einer Wiesenschnake
③ Schmetterling	⑪ Blattlaus	⑬ Laufkäfer	⑰ⓑ Wiesenschnake
④ Wollschweber	⑫ Blattwanze	⑭ Ameise	
⑤ Hummel	⑮ Feldheuschrecke		
⑦ Biene			

4. Während Pflanzen immer die Trophiestufe der Produzenten einnehmen, können Konsumenten verschiedenen Trophiestufen angehören. Blütenbesucher, Pflanzensauger und -fresser sowie Wurzelfresser sind Konsumenten 1. Ordnung, die übrigen Tierarten gehören zu den Konsumenten 2. oder 3. Ordnung. Pflanzen, Pflanzenfresser und Räuber können unterschiedlichen Nahrungsnetzen angehören. Sie stehen in einer Räuber-Beute-Beziehung zueinander. Da viele Insektenarten einer Trophiestufe angehören, das heißt, die gleiche Nahrungsgrundlage haben, stellen sie Nahrungskonkurrenten dar. Eine Möglichkeit, Konkurrenz zu vermindern, ist die Einnischung. So sind Blütenbesucher wie Hummeln, Bienen und Schmetterlinge durch ihre unterschiedliche Länge des Saugrüssels an verschiedene Blütentypen angepasst. Sie können so nebeneinander in einem Lebensraum koexistieren.

PRAKTIKUM

Untersuchung einer Wiese

1 Untersuchung der Artenhäufigkeit auf einem Wiesenstück

a), b) und c)

Beispiel für einen Erhebungsbogen

Name: Antje Mustermann

Standort der Wiese: Leipzig, neben dem Elsterflutbett   *Wiesentyp:* Fettwiese   *Datum:* 25. Mai 2006

Häufigkeit	Pflanzenart	Häufigkeit	Tierart
R	Deutsches Weidelgras	R	Schwebfliegen
H	Kriechender Hahnenfuß	S	Assel
S	Kuckuckslichtnelke	S	Krabbenspinne
H	Wiesen-Klee	S	Bläuling
S	Schneckenklee	S	Kohlweißling
H	Wiesen-Rispengras	H	Hummel
S	Wiesenfuchsschwanz	S	Amsel

R = sehr häufig > 20% ; H = häufig < 20%, S = selten

Zahl der Blütenpflanzen: 123 (Gräser + andere Wiesenpflanzen)   *Zahl der Insekten:* 12

Zahl der Gräser: 102

Gesamtartenzahl: 14

2 Anlocken von Insekten

a) und b) Hier ergeben sich individuelle Lösungen.

c) Fliegen und Schwebfliegen fliegen bevorzugt zum weißen Papier, Bienen dagegen zu den grünen und gelben Bögen. Die roten Bögen dagegen werden von den meisten Tieren gemieden. Insekten haben Komplexaugen, mit denen sie einen Wellenlängenbereich zwischen 300 und 650 Nanometern wahrnehmen können. Manche Insektenarten, wie zum Beispiel Bienen haben ein hoch entwickeltes Farbsehen. Sie sehen im Gegensatz zu den Wirbeltieren auch im UV-Bereich, dagegen können sie keine Rottöne erkennen. Viele Komplexaugen sind mehr auf die Wahrnehmung von Bewegungen und weniger auf die Wahrnehmung der Bildschärfe ausgerichtet. Eine Fliege kann zum Beispiel 330 Bilder innerhalb einer Sekunde erkennen.

Wiese ist nicht gleich Wiese

1. Die Vegetationsaufnahme der ersten Wiese zeigt eine höhere Artenvielfalt, wobei sowohl Süßgräser wie der Fuchsschwanz als auch Sauergräser wie die Seggen auftreten. Der Lichtwert mit 6,7 lässt auf viele lichtliebende Arten schließen, die sich aber noch etwas gegenseitig beschatten können. Die Feuchtezahl ist mit 6,3 relativ hoch und deutet auf eine feuchte Wiese hin. Die Reaktionszahl entspricht den Mäßigsäurezeigern und weist auf den sauren pH-Wert des Bodens hin. Der Standort dieser Wiese ist mäßig stickstoffreich. Der Wert liegt bei 4,8. Um die Wiese eindeutig zu charakterisieren, bräuchte man noch den Grundwasserstand oder die Zahl der Überschwemmungen. So lässt sich die Wiese zwischen einer Nasswiese (hohes Grundwasser) und einer Feuchtwiese einordnen. Die Seggenarten und das Schilf weisen zwar auf eine Nasswiese hin, kommen aber nur selten vor und sind damit kein eindeutiger Indikator.

   Auf der zweiten Wiese ist die Artenzahl grundsätzlich etwas geringer. Hier findet man sogar mit dem Weißdorn einen Strauch und mit der Esche einen Baum. Der Lichtwert liegt bei 7,2 und ist ebenfalls für Halblichtpflanzen charakteristisch. Der Feuchtewert ist deutlich geringer und liegt zwischen Trocknis- und Frischezeiger. Die Reaktionszahl ist mit 6,6 etwas höher als bei der ersten Wiese und deutet damit auf einen pH-Wert zwischen 6 und 7 hin. Die Stickstoffzahl ist typisch für einen eher stickstoffarmen Standort. Artenspektrum und Vegetationsanalyse lassen auf eine Frischwiese schließen, die sich auf frischen Standorten einstellt und einen niedrigen Grundwasserspiegel hat. Hier wird wahrscheinlich nur ein oder zwei Mal pro Jahr gemäht.

2. Je nach Eigenschaften und anzutreffenden Pflanzenarten unterscheidet man verschiedene Wiesentypen voneinander. So gibt es kräftig gedüngte Fettwiesen, die zwar häufiger gemäht werden können, aber artenarm sind. Die hier gezeigten Wiesentypen zählen zu den Nass-, Feucht- beziehungsweise Frischwiesen. Sie sind artenreicher, unterscheiden sich jedoch ganz deutlich untereinander. So findet man auf der zweiten Wiese kaum Sauergräser, dafür jedoch vier Kleearten. Die unterschiedliche Vegetation der Wiesen zieht auch unterschiedliche Bewohner und Blütenbesucher nach sich. Wiesen sind also recht unterschiedliche Ökosysteme, die vor allem von den abiotischen Faktoren Wasser und Stickstoffgehalt abhängig sind.

3. Da beide Wiesen eher eine niedrige Stickstoffzahl aufweisen, ist von übermäßigem Düngen eher abzuraten. Durch das Ausbringen von Gülle und die anschließenden Abbauprozesse im Boden steigt der Stickstoffgehalt stark an. Damit verschiebt sich jedoch bei beiden Wiesen das Artenspektrum hin zu stickstoffliebenden Arten. Arten wie Hainsimse, Sumpf-Schafgarbe oder Schwarze Segge würden einfach verdrängt. Das starke Düngen würde jedoch nicht nur die Biozönose verändern, sondern auch die Grundwasserwerte. Da bei der Feuchtwiese das Grundwasser sowieso schon hoch steht, werden vor allem Nitrate, die aus der Gülle entstehen, in das Grundwasser gelangen. Das entspricht nicht dem Nachhaltigkeitsgedanken. Auch die zweite Wiese sollte nicht übermäßig gedüngt werden. Auch hier leben Arten, die auf stickstoffreichen Böden nicht existieren können. Zu ihnen zählt zum Beispiel die Gemeine Thymian. Die Wiesen zählen also zu den erhaltenswerten Ökosystemen und sollten nicht wegen ein paar grüner Halme mehr geopfert werden.

Gefährdete Biotoptypen müssen geschützt werden

1. *Hinweis*: Eine günstige Suchkombination ist zum Beispiel: „Rote Liste gefährdeter Biotoptypen, Bundesland". Man findet bereits Informationen zu Nordrhein-Westfalen, Baden-Württemberg, Bayern und Sachsen-Anhalt.
   Kategorie 0: Reetdächer in Nordrhein-Westfalen
   Kategorie 1: Hochmoore, Trockenrasen, Salzquellen, kalkarme Fließgewässer, Hartholzauen
   Kategorie 2: Erlenbruchwald, Niedermoor, Binnendünen, Bergheide, Streuobstwiese
   Kategorie 3: naturnahe Teiche und Weiher, natürliche Karbonatfelsen, Feldgehölze, alte Hecken
   Kategorie P: Sturz- oder Fließquellen, Verlandungsbereich Süßgewässer, (auch mit V = Vorwarnliste)
   Nicht gefährdet (schutzwürdig): Buchenwald, mäßig ausgebaute Flussabschnitte, Steinbruch
   Nicht besonders schutzwürdig: intensive landwirtschaftliche Bereiche, Parkrasen, Ziergärten

2. Holz, Früchte und Bienenweide weisen auf den ökonomischen Wert von Hecken hin. In bestimmten Gegenden liegen die Hecken immer noch Brennholz. Außerdem kann man Reisigbündel (Schlehdorn) für die Gradierwände von Salinen gewinnen. Für spezielle Werkzeugteile nutzt man das Holz von Schlehe, Weißdorn oder Elsbeere. Bestimmte Früchte wie Schlehen, Brombeeren, Himbeeren, Holunder, Hagebutte und Haselnüsse wurden und werden auch heute noch gesammelt. Das Kleinklima spielt ebenfalls eine große Rolle. So haben Hecken eine Windschutzwirkung, die sich auf angrenzende Flächen noch bis zum 25-fachen der Gehölzhöhe bemerkbar macht. Es kommt ebenfalls zur Ertragssteigerung, Erhöhung der Niederschlagsmenge, einer Bodenbeschattung und damit einem ausgeglicheneren Temperatur- und Feuchtehaushalt. Durch die dichte Durchwurzelung des Oberbodens schützen Hecken besonders an Hängen, Terassenböschungen, Grabenrändern und Gewässerufern vor Abtragung. Knicks, Wallhecken und Feldgehölze wurden gerodet. Auch der Neubau von Straßen oder der Ausbau von Wasserwegen führte häufig zur direkten Standortzerstörung. Werden in unmittelbarer Nähe Herbizide oder Insektizide eingesetzt, sind die Schädigungen ebenfalls verheerend. Vor allem der artenreiche Krautsaum wird völlig zerstört. Insektizide vernichten alle Insekten, die jedoch die Hauptmenge an Heckenbewohnern ausmachen. Werden Hecken nicht gepflegt, überaltern sie. Das heißt, ihr typischer Aufbau geht verloren, wenige Arten setzen sich durch. Es entstehen waldartige Bestände mit viel weniger Arten.

3.

Unterschiede	Streuobstwiese	Obstplantage
Bewirtschaftungsform	extensiv	intensiv
Nutzung	mehrfach, auch für Bienen	nur für den Obstanbau
Anbau von	Hochstammobst	Niederstammobst
Dichte pro Hektar	60 bis 120 Bäume	ca. 3000 Bäume
Sorten	sortenreich, alte Zuchtformen	sortenarm, neue Zuchtformen
Alter der Bäume	gemischt	etwa gleich
Pestizide	kein Einsatz	werden eingesetzt
Düngemittel	kein Einsatz	werden eingesetzt
Ernte	aufwändiger, nach 10 bis 20 Jahren	einfacher, schon nach 3 bis 5 Jahren
Ertrag	gering, kaum rentabel	hoch, meist rentabel
Lebensraum für Tiere	sehr wertvoll, 2000 bis 4000 verschiedene Arten, viele Brutvögel	kaum, wenige Arten, wenige Brutvögel

Streuobstwiesen rechnen sich kaum ökonomisch und lassen sich nur selten mit Gewinn bewirtschaften. Als Landschaftselement und Lebensraum haben sie jedoch einen unschätzbaren Wert. Ihre Erhaltung bzw. Neuanlage sollte uns deshalb am Herzen liegen. Außerdem bilden sie für viele alte Sorten mit besonderen Eigenschaften ein Genreservoir, das in der modernen Züchtung vielleicht noch mal gebraucht wird.

Monokulturen und ihre Probleme

1. a) Monokulturen erhält man, wenn auf einer Nutzfläche großflächig eine einzige Pflanzenart angebaut wird. Mit Intensivierung der Landwirtschaft wurden z. B. Mais, Weizen, Baumwolle und Kiefernforste als Monokultur angelegt. Dadurch kann man große Flächen bewirtschaften, Maschinen zur Saat bzw. Ernte einsetzen und Dünger mit Flugzeugen ausbringen. Auch die Bekämpfung von Schädlingen und Unkraut erfolgt großflächig, die Produktion steigt.
   b) Monokulturen wie Fichtenforste werden schneller und stärker von Orkanen geschädigt und von Schädlingen befallen, die sich dann massenhaft vermehren können. Auch Krankheitserreger breiten sich schneller aus. Monokulturen beanspruchen den Boden sehr einseitig, große Mengen Düngemittel werden so erforderlich. Nach der Ernte liegen riesige Flächen frei, sodass Erosion gefördert wird.

2. Bei der Behandlung mit Schädlingsbekämpfungsmittel werden diese häufig von Agrarflugzeug aus großflächig auf das Maisfeld gesprüht. Es handelt sich dabei häufig um Chemikalien, die die Häutung von Insekten behindern oder als Nervengift wirken. Dabei besteht die Gefahr einer Überdosierung. Außerdem sind die Stoffe nicht so spezifisch, dass sie nur bei einer Art wirken, sondern häufig werden andere, auch nützliche Arten, wie zum Beispiel Bienen, mit getötet. Die Chemikalien können außerdem ins Grundwasser gelangen. Bei regelmäßiger Anwendung kann eine Resistenz auftreten. Eine Bekämpfung der Larven wird dadurch erschwert, dass die Chemikalien nur dann wirksam sind, wenn sich die Larven noch nicht in den Mais eingebohrt haben. Eine Art der biologischen Schädlingsbekämpfung ist das Aussetzen von Schlupfwespen. Diese werden vorher in eigenen Zuchtanstalten mit hohem Aufwand gezüchtet. Danach werden sie auf das Maisfeld aufgebracht. Dabei wird die Umwelt nicht belastet. Allerdings bieten solche Methoden oft nur einen unzureichenden Schutz. Bei ungünstigen Witterungsbedingungen können die Schlupfwespen geschädigt werden, ohne die Zünslerlarven zu bekämpfen.
   Manche Maispflanzen weisen eine natürliche Insektenresistenz durch pflanzeninterne Schädlingsbekämpfungsmittel auf. Die Pflanzen enthalten an Glucosemoleküle gebundene Stoffe, die Benzoxazinone, die wirksam gegen Schädlinge sind. Beginnt eine Zünslerlarve an der Maispflanze zu fressen, wird das Insektizid vom Glucosemolekül abgespaltet und der Schädling nimmt es mit der Nahrung auf. Wenig später stirbt er an dem Gift. Im Moment laufen Versuche, Mais mit einem hohen natürlichen Anteil an Benzoxazinonen gezielt zu züchten.
   Ein anderer Schutz soll mithilfe der Gentechnik erreicht werden. Als man herausfand, dass Stoffe aus dem Bodenbakterium *Bacillus thuringensis* tödlich für manche Insektenarten sind, versuchte man durch Gentransfer den Mais so zu verändern, dass er die Bacillus-Stoffe in seinen Blättern und Stängeln produziert. Die neue Mais-Form, der Bt-Mais, produziert nun die Eiweiße des *Bacillus thuringensis*. Nach der Aussaat braucht sich der Landwirt keine Sorge um einen Zünslerbefall zu machen, der Mais schützt sich selbst. Ob die gentechnisch veränderten Pflanzen jedoch weitere Veränderungen zeigen, ist noch nicht bekannt.

3. a) Die Zuckerrohrkröten können sich so uneingeschränkt vermehren, weil verschiedene abiotische und biotische Faktoren, die normalerweise das Wachstum der Population begrenzen, nicht wirksam werden. Die abiotischen Faktoren wie Licht, Temperatur und Luftfeuchtigkeit entsprechen den klimatischen Verhältnissen der Kröten in Venezuela und wirken somit nicht begrenzend. Auch biotische Faktoren scheinen das Wachstum nicht einzuschränken. Dazu zählt z. B. die interspezifische Konkurrenz. Da die Kröte gerade deshalb eingeführt wurde, weil sie als Einzige den Zuckerrohrkäfer frisst, scheidet dieser Faktor als Begrenzung aus. Zwischen den Kröten könnte nun intraspezifische Konkurrenz wirken. Hier ist jedoch genügend Nahrung und Raum vorhanden, die Kröten wandern weiter. Es gibt keine Feinde, die die Population einschränken. Ebenso gibt es keine spezifischen Parasiten oder ansteckenden Krankheiten, die auf die Krötenpopulation übergreifen könnten. Ein biologisches Gleichgewicht hat sich bisher nicht eingestellt, die Kröten vermehren sich nach einer exponentiellen Wachstumskurve.
   b) Man könnte einen artspezifischen Feind, Krankheitserreger oder Parasiten ansiedeln, allerdings müsste dieser ökologisch unbedenklich sein und dessen Population müsste nach der Beendigung der Plage in sich zusammenbrechen. Man sucht einen Weg, die Kröten so zu manipulieren, dass sie unfruchtbar werden oder sich ihre Eier nicht weiterentwickeln.

Ökosystem Acker

1. a) A Ackerrittersporn; B Klatschmohn; C Klettlabkraut, D Ackerstiefmütterchen, E Kornblume, F Ackerwinde

2. a) Bei der industriellen Landwirtschaft steht die intensive Bearbeitung großer Flächen im Vordergrund. Durch den Einsatz moderner Maschinen und kombinierter Ackergeräte kommt diese Landwirtschaftform mit nur wenigen Arbeitskräften aus. Die Produkte werden zu dauerhaft niedrigen Preisen auf den Markt gebracht, außerdem besteht ein Trend die Produkte immer preiswerter anzubieten. Dadurch ist eine ständige Erhöhung der Produktion notwendig. Diese wird unter anderem dadurch erreicht, dass nur zwei bis drei Fruchtarten intensiv angebaut werden. Der eintönige Fruchtwechsel, der sehr mineralsalzzehrend ist, bedarf einer regelmäßigen Düngung durch Mineraldünger, der gekauft werden muss. Um einen Schädlingsbefall der Monokulturen zu verhindern, werden regelmäßig Pflanzenschutzmittel eingesetzt. Auch bei der Viehhaltung beschränkt sich die konventionelle Landwirtschaft auf eine oder wenige Arten. Die Tiere stehen bei der Massentierhaltung in Ställen, in denen sie maschinell gefüttert werden. Die dafür benötigten Futtermengen können nicht alle selbst produziert werden, deshalb wird Futter hinzugekauft. Da die intensive, enge Stallhaltung nicht artgerecht ist, treten oftmals Krankheiten auf. Um diesen vorzubeugen und um ausgetretene Krankheiten zu bekämpfen, werden Medikamente eingesetzt. Dem niedrigen Preis konventionell erzeugter landwirtschaftlicher Produkte stehen daher Probleme wie Überproduktion, Landschaftsverarmung sowie die ständige Verschlechterung der Boden- und Wasserqualität gegenüber.
Bei der ökologisch orientierten Landwirtschaft steht nicht der schnelle Höchstgewinn im Vordergrund. Ziel ist der dauerhafte Verzicht auf chemische Hilfsmittel, wobei der Schutz von Tier und Mensch, von Boden, Luft und Wasser wichtige Prinzipien sind. Da chemische Hilfsmittel wie Dünger oder Pflanzenschutzmittel verboten sind, stehen vorbeugende Maßnahmen im Vordergrund. Nur wenn die Zusammensetzung des Bodens, die Anzahl der Bodenorganismen, der Mineralstoffgehalt und Wasserhaltevermögen stimmen, wird der Acker bestellt und gute Erträge sind möglich. Die Pflanzenfolge ist dabei gut durchdacht, ein regelmäßiger Fruchtwechsel verhindert das Auslaugen des Bodens. Außerdem werden Ackerpflanzen angebaut, die Stickstoff und Phosphor speichern können. Diese Pflanzen werden untergepflügt und dienen als Gründüngung. Durch den Anbau verschiedener Pflanzenarten halten sich auftretende Schädlinge in Grenzen. Bei der Tierzucht steht die artgerechte Tierhaltung in Vordergrund. In den Ställen ist zum Beispiel Stroh als Einstreu vorgeschrieben, die Ställe müssen Tageslicht bekommen. Auch ein regelmäßiger Auslauf ist verpflichtend. Antibiotika und Hormone dürfen nicht verabreicht werden. Das Futter muss ausschließlich vom einem Hof oder anderen Biohöfen stammen, der Mist, den die Tiere produzieren, muss wieder als Dünger verwendet werden. Es können also nur so viele Tiere gehalten werden, die durch die eigenen Flächen ernährt werden können. Dadurch entsteht ein geschlossener Stoffkreislauf.

b) Das Prinzip der Nachhaltigkeit besagt, dass alle landwirtschaftlichen Maßnahmen, die getroffen werden, dahingehend überprüft werden müssen, welche mittel- und längerfristigen Folgen sie haben. Dabei sind solche Maßnahmen anzustreben, deren mittel- und längerfristigen Folgen positiv sind.

3. Durch die konventionelle Landwirtschaft und den Einsatz von Pflanzenschutzmitteln wurden Ackerwildkräuter fast ausgerottet. Durch da zunehmende Fehlen der Ackerrandstreifen verloren auch viele Tierarten ihre Lebensgrundlage. Nahrungsketten und Nahrungsnetze, die über viele Jahrhunderte bestanden, verschwanden allmählich. Das Ackerrandstreifenprogramm beinhaltet finanzielle Förderungen für Landwirte, die Ackerwildkräuter in einem breiten Streifen neben den Feld stehen lassen. Dadurch können sich die typischen Pflanzen wieder ansiedeln und auch die ackertypischen Tierarten kehren langsam zurück, sodass die Artfülle zunimmt. Nachteilig ist der Mehraufwand, den der Landwirt betreiben muss. Ihm geht wertvoller Boden verloren. Manche Wildkräuter breiten sich im Feld aus, sodass ihre Samen zum Beispiel mit in das Getreide kommen können. Außerdem ist das Programm nur durch staatliche finanzielle Mittel durchführbar.

PRAKTIKUM

Untersuchungen eines Ackers

1 Bestimmung der Bodenart durch die Fingerprobe

Je nach Untersuchungsgebiet treten verschiedene Bodenarten auf. Ackerböden haben häufig Schluff und Tonanteile, die deutlich gefühlt werden können.
Hinweis: Viele Ackerböden in Sachsen zählen zu den Lehm- und Humusböden. In Südsachsen findet man zum Beispiel Braunerde aus Hanglehm und Podsol-Braunerde. In Westsachsen gibt es unter anderem lößbeeinflusste Hanglehme und Schwarzerde, die zu den Humusböden zählt. Für Ostsachsen sind Sande und Geschiebelehme typisch. Im Elbtal gehören viele Ackerböden zum Kalkmergel und in Nordsachsen gibt es schluffreiche Sandlösse.

2 Ermittlung des pH-Wertes

a) Besonders gut geeignet sind spezielle Bodenindikatoren wie Czensny-Indikator. Meist ergeben sich Ergebnisse im sauren, neutralen oder schwach basischen Bereich. Stark saure Böden sind für Ackerflächen eher untypisch, da diese häufig gekalkt werden.

b) Bestimmte Nutzpflanzen wachsen besser auf leicht kalkhaltigen Böden, die einen basischen pH-Wert aufweisen. Zu ihnen zählen Raps und Esparsette, eine Futterpflanze. Auch bestimmte Ackerbegleitpflanzen können relativ stenök für die Bodenreaktion sein. So wachsen zum Beispiel Feld-Rittersporn und Sommer-Adonisröschen nur auf kalkhaltigen Böden. Hier ist der Zusammenhang zwischen Bodenreaktion und Pflanze so eng, dass diese als Zeigerpflanze für den Boden gelten kann.
Andere Ackerpflanzen wie Kartoffel, Gerste, Mais stellen kaum Ansprüche an eine bestimmte Bodenreaktion. Sie wachsen auf nahezu allen Standorten.

3 Bestimmung des Humusgehaltes

a) und b)   Die organischen Bestandteile verglühen beim Erhitzen, mineralische Anteile bleiben erhalten. Der Anteil an organischen Bestandteilen richtet sich nach der untersuchten Bodenprobe.
Beispiel: Masse vor dem Erhitzen: 5 g, Masse nach dem Erhitzen: 4,4 g
Anteil der organischen Bestandteile 0,6 g, das entspricht 12 Prozent Humusanteil bezogen auf die Trockenmasse des Bodens.

4 Kalkgehalt des Bodens

a) Ackerböden zeigen fast immer einen schwachen bis mäßigen Kalkgehalt.
b) Je nach Vergleichsproben.

Energiebilanzen

1. Teil A zeigt Methoden der Nahrungsmittelproduktion, die bezüglich der eingesetzten Energiemenge rentabel sind. Rentabel bedeutet, es wird weniger Energie in Produktion investiert, als in dem Nahrungsmittel enthalten ist. Dies trifft auf die Nahrungsmittelproduktion von Entwicklungsländern wie Ruanda und Tansania und teilweise auf die von Schwellenländern wie Indien zu.
Teil B zeigt Methoden der Nahrungsmittelproduktion, die bezüglich der eingesetzten Energiemenge defizitär sind. Defizitär bedeutet, es wird mehr Energie in die Produktion investiert, als anschließend im Nahrungsmittel enthalten ist. Dies ist vor allem in Industrieländern wie Schweiz, USA und Deutschland der Fall.

2. Der hohe Energieverbrauch der Industrieländer resultiert aus mehreren Faktoren:
   - In Industrieländern ist der Anteil an Fleisch bei der Ernährung wesentlich höher als in Entwicklungs- und Schwellenländern. Tiere stellen Konsumenten 2. und 3. Ordnung dar. Sie stehen in der Energiepyramide höher als die Produzenten. In die Produktion von Fleisch muss also mehr Energie investiert werden als in die Produktion von Pflanzen. Für die Produktion von einem Kilogramm Schweinefleisch werden etwa 90 bis 100 Kilogramm Pflanzen (Mais, Soja) benötigt. Verfüttert man bei der Aufzucht der Nutztiere neben Pflanzen auch Tiere (Tiermehl, Fischmehl), wird die Energiebilanz noch ungünstiger.
   - Das Futter für die Produktion von Nutztieren wird zu einem erheblichen Teil unter Energieaufwand aus Entwicklungs- und Schwellenländern importiert.
   - Die Nahrungsmittelproduktion erfolgt in Industrieländern fast ausschließlich maschinell, in Entwicklungs- und Schwellenländern dagegen häufig mit menschlicher oder tierischer Arbeitskraft.

3. Eine Nahrungsmittelproduktion, die mehr Energie verschlingt als anschließend im Nahrungsmittel gespeichert ist, wäre in einem geschlossenen System auf Dauer nicht möglich. Industrieländer importieren Tierfutter aus Ländern der Dritten Welt, schöpfen damit Überschüsse aus einer Energie rentabel arbeitenden Produktion ab.

Pflanzenschutz im Wandel der Zeit

1. Das Diagramm zeigt die Menge eingesetzter Pflanzenschutzmittel in Kilogramm je Hektar landwirtschaftlich genutzter Fläche. Dargestellt ist der Zeitraum von 1987 bis 2004 für Deutschland. Der Wirkstoffaufwand je Hektar Nutzfläche hat sich zwischen 1987 und 2004 von 3,7 kg bis 2004 auf 1,7 kg verringert. Das ist eine Reduzierung um mehr als 50 Prozent. Ob sich eine weitere Verringerung einstellt, bleibt abzuwarten. Die gezeigte Kurve nimmt von 1989 bis 1995 zwar sehr steil ab, dann stellt sich jedoch eher eine fast gleichbleibende Absatzmenge ein, die um 1,7 bis 1,8 schwankt. Mögliche Faktoren, die zu diesem Ergebnis geführt haben, sind: neue Pflanzenschutzmittel, die gezielt und bereits in kleineren Mengen wirken, die Prinzipien des integrierten Pflanzenschutzes, die helfen, geringere Mengen einzusetzen und die Erfolge der Resistenzzüchtung bei Nutzpflanzen.

2. Vorteile sind die häufig preiswerte und schnelle Herstellung von chemischen Schädlingsbekämpfungsmitteln. Sie wirken effektiv und sind bei einem übermäßigen Befall oft das einzige Mittel, um die Kulturen (zum Beispiel Forste) zu retten.
Chemische Schädlingsbekämpfungsmittel zeigen Breitbandwirkung und wirken häufig auch gegen die natürlichen Feinde des Schädlings. Sie stören das gesamte biologische Gleichgewicht. Gelangen diese Mittel in den Boden oder werden sie in angrenzende Gewässer ausgewaschen, so rufen sie dort Störungen hervor. Die Bodenfruchtbarkeit könnte z. B. aufgrund der sterbenden Bodenorganismen gemindert sein. Es können durch Mutation Resistenzeigenschaften beim Schädling erworben werden (z. B. gegen DDT). Chemische Schädlingsbekämpfungsmittel können sich in Nahrungsketten anreichern und so auch zum Endverbraucher Mensch gelangen.

3. Eine bekannte Methode ist der Einsatz von Räubern/Fressfeinden. Diese können natürlicherweise in einem Ökosystem vorkommen oder gezielt in der Kultur ausgebracht werden. Hier lässt sich das Erschließungsfeld „Regulation" anwenden. So vertilgen Marienkäfer und ihre Larven ebenso wie Florfliegen und Schwebfliegen Blattläuse. Sie dezimieren so die Population der Schadorganismen. Eine weitere Möglichkeit ergibt sich durch den Einsatz von Parasiten. So lassen sich bestimmte Schlupfwespenarten als Parasiten von Blattläusen und Schildläusen verwenden. Hier gilt das Erschließungsfeld „Wechselwirkung", wobei der Befall mit den Parasitoiden eine hemmende Wirkung auf die Entwicklung der Schadinsekten hat. Eine dritte Methode nutzt Pheromone. Mit ihnen können zum Beispiel Borkenkäfer in Fallen gelockt und danach vernichtet werden. Hier kommt das Erschließungsfeld „Information" zum Einsatz. In Gewächshäusern nutzt man auch Hormone, die die Entwicklung von Insekten stoppen können. So wird zum Beispiel die Häutung von Larven gestört.

4. Biologische Schädlingsbekämpfung ist häufig sehr artspezifisch. Wird zum Beispiel ein Parasit eingesetzt, befällt er nur einen bestimmten Wirt, alle anderen Arten sind nicht betroffen. Das Ökosystem wird durch den Einsatz nicht geschädigt, es kommt weder zu Ablagerungen oder Anreicherungen im Boden oder im Grundwasser. Damit werden auch angrenzende Ökosysteme wie Hecken oder Gewässer nicht beeinflusst. Da es sich nicht um chemische Komponenten handelt, kommt es auch zu keiner Anreicherung in Nahrungsketten.
Nachteile können sich ergeben, wenn sich zum Beispiel ein eingeführter Räuber selbst zu stark vermehrt oder sein Nahrungsspektrum verändert und auch Nützlingsarten dezimiert. Außerdem lassen sich viele biologische Methoden wie der Fressfeindeinsatz oder der Parasiten auf großen Flächen aufgrund der technischen Umsetzung und auch der Kosten nur schwer realisieren.

KLAUSUR- UND PRÜFUNGSAUFGABEN

Ökologie und Nachhaltigkeit I

1.

$1 = N_2$ (Luftstickstoff)
$2 = NH_3$ (Ammoniak)
$3 = NH_4^+$ (Ammonium)
$4 = NH_3$ (Ammoniak)
$5 = NO_3^-$ (Nitrat)
$6 = NO_2^-$ (Nitrit)

A = Denitrifizierende Bakterien
B = Knöllchenbakterien
C = Stickstoff bindende Bakterien (Cyanobakterien)
D = Nitratbakterien
E = Nitritbakterien

Der Stickstoffkreislauf läuft weniger über die Atmosphäre, sondern eher über kurz geschlossene Kreisläufe ab. Diese bestehen aus Land- und Meerpflanzen, die Stickstoff zum Beispiel in Form von Nitrat-Ionen aufnehmen und es im Eiweißstoffwechsel verarbeiten. Über Pflanzen fressende Tiere gelangt der Stickstoff in den Eiweißstoffwechsel der Tiere. Sterben Pflanzen und Tiere ab, so werden die stickstoffhaltigen Verbindungen von bestimmten Bodenbakterien zu Nitrat-Ionen mineralisiert oder zu elementarem Stickstoff denitrifiziert. Indem die Pflanzen die Nitrat-Ionen wieder aufnehmen, schließt sich der Kreislauf. Aus diesem Kreislauf kann elementarer Stickstoff in die Atmosphäre entweichen oder in Form von Stickstoffverbindungen im Sediment von Gewässern fixiert werden.

2. Untersucht wurden der Stickstoffvorrat im Humus, der Ammonium- und Nitratgehalt des Humusausflusses und der Nitrat-Fluss unterhalb des Hauptwurzelraumes im Zeitraum von April 1994 bis Juni 1995 in regelmäßigen Abständen. Die Monate Mai bis Oktober 1994 waren extrem trocken. Beobachtet werden konnte eine Stickstoff-Anreicherung im Humus. Während der Trockenperiode kam es weder zu einem Stickstoff-Austrag mit dem Humusausfluss noch durch Sickerwasser. Nach der Trockenperiode stieg der Stickstoff-Austrag im Humusausfluss und Sickerwasser deutlich an.

3. Pflanzen können Stickstoff in der wasserlöslichen Form Nitrat bzw. Ammonium aufnehmen. Bei Trockenheit reichern sich Stickstoff-Verbindungen im Boden an, ohne zu Nitrat oder Ammonium umgesetzt zu werden. Erst mit dem Einsetzen des Regens und einer guten Durchfeuchtung des Bodens kann dieser Vorgang wieder ablaufen. Mitte Oktober, am Ende der Vegetationsperiode, nehmen Pflanzen aber kaum noch Nährsalze auf, diese werden mit dem Regen- und Sickerwasser ausgespült. Nitrifikation führt zu einer Versauerung des Bodens. Eine Verringerung des pH-Werts führt zu einer erhöhten Konzentration an Schwermetall-Ionen.

4. Schwermetall-Ionen sind Enzym- und Stoffwechselgifte. Stoffwechselstörungen führen zu Pflanzenschäden. Der Erklärungsansatz der beiden Ökologengruppen war jeder für sich unvollständig. Erst die Wechselwirkung zwischen allen genannten Umweltbedingungen und dem Stoffwechsel der Pflanzen ist vermutlich für die genannten Schäden verantwortlich.

KLAUSUR- UND PRÜFUNGSAUFGABEN

Ökologie und Nachhaltigkeit II

1. Lichtzahl = 7,3; das entspricht einem Wert zwischen Halblicht- und Lichtpflanzen
   Temperaturzahl = 5,8; das entspricht einem Wert zwischen Mäßigwärme- und Wärmezeigern
   Feuchtezahl = 3,4; das bedeutet Trockniszeiger
   Reaktionszahl = 2,9; das bedeutet Säurezeiger
   Stickstoffzahl = 1,7; das bedeutet, der Standort ist sehr stickstoffarm
   Folgende Standortbedingungen treffen zu: hell, relativ warm, trocken, saurer und stickstoffarmer Boden.

2. Folgendes Vorgehen empfiehlt sich:
   - Wahl des Bestimmungsbuches: zum Beispiel Rothmaler Band 2, 19. Auflage
   - Im Inhaltsverzeichnis nach Heidelbeere suchen → S. 254
   - Art und Gattung abschreiben, aus dem Kolumnentitel die Familie ermitteln
   - S. 41 bis 43 Familie suchen, Ordnung, Unterklasse, Klasse, Unterabteilung und Abteilung bestimmen

   Ergebnis:
   Abteilung: Samenpflanzen; **Unterabteilung:** Bedecktsamer; **Klasse:** Zweikeimblättrige; **Unterklasse:** Dillenienähnliche (*Dillenidae*); **Ordnung:** Heidekrautartige (*Ericales*); **Familie:** Heidekrautgewächse (*Ericacae JUSS.*); **Gattung:** Preiselbeere/Heidelbeere (*Vaccinium L.*); **Art:** Heidelbeere (*Vaccinium myrtillus L.*)
   Gemeiner/Gewöhnlicher Wacholder:
   bauliche Merkmale: aufrecht, meist säulenförmiger Strauch; Nadeln 10 bis 15 mm lang und 1,5 mm breit, abstehend und starr, Nadelquirle entfernt, 1 bis 5 m hoch, selten bis 12 m
   Blütezeit: April bis Mai
   Natürlicher Standort: Gebüsche, Kiefern- und Eichen-Trockenwälder, Heiden und Ödlandrasen
   Naturschutz: nicht geschützt

3. Als Heide bezeichnet man ein baumarmes bis baumloses Ökosystem, das sich durch Zwergstrauchgesellschaften auszeichnet. Sie entstehen auf mageren Sandböden. Typische abiotische Faktoren eines Heidegebietes sind Wasserknappheit, der Mangel an Bodensalzen und Stickstoff. Charakterpflanzen der Heide sind Heidekraut, Besenginster, Heidelbeere und Wacholder. Der Boden zeigt einen sauren pH-Wert (etwa 4). Durch die fehlenden Bäume siedeln sich hier Licht liebende Arten an, die z. T. xeromorphen Charakter haben. Dazu gehören auch Trockenheit ertragende Gräser und verschiedene Wärme liebende Strauchflechten. Generell ist jedoch eine Heidelandschaft relativ arm an Pflanzenarten. In der Heide leben Wärme liebende Tiere wie Kreuzotter, Zauneidechse, Heidegrashüpfer, Heideblauling und andere. Unsere heimischen Heidegebiete sind durch den Einfluss des Menschen entstanden. Die meisten entwickelten sich am Ende des Mittelalters. Ursprünglich wuchsen auf den Gebieten Eichen-Birken-Wälder. Durch die Nutzung der gerodeten Gebiete als Schafweiden konnten keine Büsche oder Bäume mehr aufkommen. Außerdem wurden Heidesoden als Brennmaterial sowie Streu für die Tierhaltung und zur Düngung der Felder entnommen. In diesen Gebieten bewirtschafteten Heidebauern die Fläche. Stechende Pflanzen wie Wacholder oder Ginster wurden von den Schafen nicht gefressen und bestimmten nun das Landschaftsbild.

4. Heideflächen können nur erhalten werden, wenn man sie ähnlich ihrer traditionellen Nutzung weiter bewirtschaftet. Das heißt, sie müssen weiter durch Schafe (am besten mit Heidschnucken) beweidet werden, sonst käme es schnell zur Sukzession und Verbuschung. Birken und Kiefern wären auf dem Boden lebensfähig und würden sich ansiedeln. Dadurch käme es zur Verdrängung der typischen Heidepflanzen. Der Schutz muss außerdem relativ großflächig erfolgen, damit es nicht zum Nährstoffeintrag durch angrenzende Felder oder Wiesen, die gedüngt werden, kommt. Durch einen Stickstoffeintrag könnten sich Stickstoff liebende, ansonsten jedoch recht anspruchslose Pflanzen ansiedeln und die Heidearten verdrängen. Heideflächen können sogar manchmal durch den Menschen abgebrannt werden, damit eine zu starke Verbuschung gestoppt und die Verjüngung des Heidekrauts angeregt wird.

KLAUSUR- UND PRÜFUNGSAUFGABEN

Ökologie und Nachhaltigkeit III

1. Bei *Lymantria dispar* handelt es sich um einen Generalisten, dessen Vermehrung der r-Strategie folgt. Ableitbar ist dies an den Merkmalen Konsument 1. Ordnung, hohe Reproduktionsrate, keine Ansprüche an Nahrung, geringe Generationsdauer, hohe Mobilität, Raupen kommen lange Zeit ohne Nahrung (Winter) aus, fehlende Fressfeinde.

2. Von 1920 bis 1980 war in Nordamerika nur eine geringe Zunahme der Population zu verzeichnen. Seit 1980 nimmt die Population stark zu. Es scheint sich ein Massenwechsel mit 10-jährigem Rhythmus anzubahnen. Dieser Verlauf entspricht der typischen Entwicklung einer Population ohne Fressfeind. Nach einer Anlaufphase geht die Population zu einem exponenziellen Wachstum über. In Europa schwankt die Population in einem 10-Jahres-Rhythmus um einen Mittelwert. Dieser Verlauf entspricht der einer stabilen Population in der stationären Phase mit Fressfeinden.

3. In Nordamerika begrenzt die Futtermenge, also die Höhe des Schadens an Pflanzen, die Populationsentwicklung von *Lymantria dispar*; je mehr Falter, desto weniger Blätter, je weniger Blätter, desto weniger Falter, je weniger Falter, desto mehr Blätter, je mehr Blätter, desto mehr Falter usw. Bei unspezifischer Nahrungswahl sind Massenwechsel die notwendige Folge. In Europa wird die Populationsdichte begrenzt durch Parasitoide. Das 1. und 2. Volterra-Gesetz findet Anwendung. Material 4 zeigt, dass der Parasitierungsgrad 100 Prozent betragen kann. Massenwechsel sind dann eher die Ausnahme. Nicht erklärbar ist mit diesem Ansatz der 10-jährige Rhythmus.

4. Maßnahmen zur Bekämpfung von Schadinsekten können chemischer und biologischer Art sein. Chemische Schädlingsbekämpfung zeigt schnelle, meist aber kurzfristige Erfolge. Sie dient als Erste-Hilfe-Maßnahme bei Massenwechsel. Die Spätfolgen sind zum Teil nicht eindeutig geklärt. Biologische Schädlingsbekämpfung ist als Erste-Hilfe-Maßnahme nicht geeignet, da sie in der Regel mit Zeitverzögerung, aber langfristig wirkt. Vor dem Einsatz muss geklärt werden, ob der Parasit beziehungsweise der Beutegreifer wirtsspezifisch und monophag ist. Der Schaden kann sonst unter Umständen größer sein als der Nutzen.

ÖKOLOGIE IN DER PRAXIS

Nachwachsende Rohstoffe

1. Die Agenda 21 fordert einen rücksichtsvollen Umgang mit der Erde und ihren Ressourcen. Nachwachsende Rohstoffe fördern die Nachhaltigkeit, weil sie zum Beispiel fossile Rohstoffvorräte schonen. Diese können dann von nachfolgenden Generationen genutzt werden. Außerdem leisten nachwachsende Rohstoffe und hier vor allem die Energiepflanzen einen Beitrag zur Energieversorgung vor Ort. Es wird ein Beitrag zum Klimaschutz geleistet, weil zusätzliche Kohlenstoffdioxidemissionen vermieden werden. Bioenergie leistet heute schon einen Beitrag zur Einsparung von CO_2-Emissionen von 17,7 Mio. t CO_2, dieser Wert soll bis 2010 auf 85 Mio. t steigen. Der Landwirtschaft eröffnet der Anbau von Industrie- und Energiepflanzen neue Einkommensalternativen. das Einkommen der Landwirte verbessert sich, die gewerbliche Wirtschaft wird gestärkt. So entstehen nicht nur Arbeitsplätze durch den Anbau, sondern auch durch die Weiterverarbeitung der Rohstoffe vor Ort. Produkte aus nachwachsenden Rohstoffen sind schonend für Boden und Grundwasser. Sie sind schnell biologisch abbaubar, nicht giftig und kaum wassergefährdend.

2. Biomasse ist in fester, flüssiger Form oder als Gas nutzbar. In der Übersicht werden verschiedene Biomassefraktionen nach ihrer derzeitigen Nutzung für die Energieerzeugung und dem Potenzial ihrer Nutzung verglichen. Deutlich wird, dass die energetische Nutzung der Biomasse noch lange nicht voll erschlossen ist. Nur Industrierestholz wird derzeit bereits voll ausgeschöpft und verwendet. Einen großen Teil möglicher Energielieferanten machen die Energiepflanzen aus. Sie haben das höchste nutzbare Potenzial für die Zukunft. Zu ihnen zählen zum Beispiel Chinaschilf, Mais und schnellwachsende Baumarten wie Pappeln. Ihr Anbau und ihre Nutzung erfolgen zur Zeit nur in geringem Maße. Biogas, Stroh und holzartige Biomasse werden ebenfalls noch zu wenig eingesetzt. Durch die steigenden Preise für fossile Brennstoffe könnte sich die stärkere Nutzung von Biomasse schon bald lohnen.

3. So könnten mögliche Steckbriefe aussehen:

   Öllein: Die Pflanze wird 20 bis 80 cm hoch. Sie blüht blau, weiß oder zart violett und bildet Kapseln mit maximal 10 Samen. Der Ölgehalt der Samen beträgt bis zu 50 %. Dabei kommen Linolensäure, Linolsäure und Ölsäure vor. Die Pflanze ist anspruchslos und kann relativ extensiv angebaut werden. Man verwendet das Öl als Leinöl und für Lacke, Anstrich- und Druckfarben, Herstellung von Linoleum, Firnis und Weichmacher. Aber auch die Wachstuch- und Kosmetikindustrie nutzt diese Pflanze.

   Faserlein: Faserlein, auch Flachs genannt, wird bis zu 1,60 m hoch. Die Pflanzen können relativ extensiv angebaut werden, brauchen jedoch genügend Wasser. Zur Ernte werden sie mit einer Raufmaschine aus dem Boden gezogen und noch auf dem Feld einem Gärungsprozess unterworfen, so dass sich die Gefäßbündel trennen. Man nutzt die Langfasern in der Textilindustrie zur Herstellung von Leinen, die Kurzfasern für Baustoffe, Dämmstoffe, Formpressteile. Die verholzten Stängelteile werden als Tiereinstreu und als Brennstoff verwertet.

   Ethanol aus nachwachsenden Pflanzen: Ethanol lässt sich durch Vergärung von Zuckerrüben, Kartoffeln und Mais gewinnen. Durch mehrstufige Destillation und Entwässerung lässt sich der Alkohol auf über 99 Prozent anreichern. Er kann in Anteilen bis zu fünf Prozent zu Ottokraftstoffen zugemischt werden. Außerdem lässt sich aus dem Ethanol der Ethyl-t-Butylether (ETBE) herstellen, der wiederum die Oktanzahl und Klopffestigkeit des Benzins verbessert. Bei der Verbrennung von beigemischtem Kraftstoff werden bessere Abgaswerte erreicht.

   Biogas: Biogasanlagen nutzen Rinder- und Schweinegülle, aber auch den Mist von Rindern, Schweinen und Hühnern. Für einen hohen Ertrag werden sogenannte Kosubstrate wie Energiepflanzen, Biomüll oder Grünschnitt mit vergoren. Auch Maissilage wird immer häufiger zugemischt. Das organische Material wird vergoren, wobei Biogas mit einem hohen Anteil Methan (50 bis 75 Prozent), Kohlenstoffdioxid (25 bis 45 Prozent), Wasser, Stickstoff, Sauerstoff, Schwefelwasserstoff und Wasserstoff in kleinen Mengen entsteht. Dabei laufen mehrere biologische Prozesse wie alkoholische Gärung, Essigsäurebildung und Methanbildung nacheinander ab. Das Gas muss noch gereinigt und entschwefelt werden, bevor eine Verarbeitung im Blockheizkraftwerk in Strom möglich ist. Die bei der Stromerzeugung entstehende Wärme wird für die Erhitzung des Fermenters und das Heizen von Wohn- und Wirtschaftsgebäuden genutzt.

Kreuzungen und Vererbung bei Drosophila

1.

Mutante	Symbol	Phänotyp	Wildtyp
white	w	Augen weiß, da Ocellen farblos	Augen rot
vestigial	vg	stummelflügelig	langflügelig
ebony	e	ebenholzfarbig, Körper schwarz	Körper gelbgrau
vestigial/ebony	vg, e	Zweifachmutante	langflügelig gelbgrau

Vielfalt bedeutet, dass alle Individuen einer Art mehr oder weniger große Unterschiede in der phänotypischen Merkmalsausprägung zeigen. So treten bei Drosophila verschiedene Phänotypen auf, die sich zum Beispiel in der Augenfarbe, der Flügelform und der Körperfarbe unterscheiden. Diese Unterschiede sind durch Mutation und Rekombination entstanden. Trotzdem haben diese Fliegen auch viele Gemeinsamkeiten in den anatomischen und morphologischen Merkmalen, sie zählen ja zu einer Art und bringen wieder fortpflanzungsfähige Nachkommen hervor.

2. a) Die Mutante vestigial (Stummelflügel) wird mit dem Wildtyp (+) gekreuzt.

b)

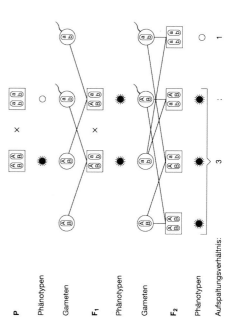

c) Es liegt ein dominant-rezessiver, monohybrider Erbgang vor. Das Wildallel ist dominant.

Mögliche hypothetische Erbgänge zwischen zwei Säugetierrassen

1. und 2. Die Phänotypen und Genotypen können dem folgenden Schema entnommen werden.

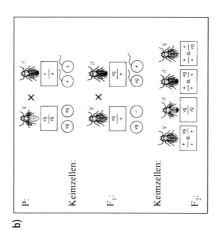

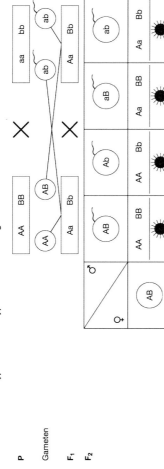

♂ / ♀	AB	Ab	aB	ab
AB	AA BB ☀	AA Bb ☀	Aa BB ☀	Aa Bb ☀
Ab	AA Bb ☀	AA bb ●	Aa Bb ☀	Aa bb ●
aB	Aa BB ☼	Aa Bb ☀	aa BB ☼	aa Bb ☼
ab	Aa Bb ☀	Aa bb ●	aa Bb ☼	aa bb ○

Erbgang 1:
Phänotypen: ☀ ● ☼ ○
Aufspaltungsverhältnis: 9 : 3 : 3 : 1

Symbole:
○ weiß glatt
● schwarz glatt
☼ weiß stachlig
☀ schwarz stachlig

Es handelt sich um einen dominant-rezessiven, dihybriden, ungekoppelten Erbgang.

3. Aus den Angaben geht hervor, dass es sich um einen dominant-rezessiven, dihybriden, gekoppelten Erbgang handelt. Es entsteht in der zweiten Filialgeneration das gleiche Aufspaltungsverhältnis von 3:1 wie bei einem dominant-rezessiven, monohybriden Erbgang. Das Kreuzungsschema sieht folgendermaßen aus:

Aufspaltungsverhältnis: 3 : 1

Kreuzungen und Vererbung bei Drosophila

3. a) Bei einem monohybrid dominant-rezessiven Erbgang müsste in beiden Kreuzungen dasselbe Ergebnis auftreten: Alle Tiere müssten eine braune Körperfarbe aufweisen, da das Allel für braune Körperfarbe dominant ist.

b) Lediglich das Ergebnis aus Kreuzung 2 entspricht den Erwartungen. In Kreuzung 1 besitzen nur die Weibchen einen braunen Körper, die Männchen haben einen gelben Körper. Die Vererbung der Körperfarbe steht augenfällig mit der Vererbung des Geschlechts in Beziehung. Es liegt eine X-Chromosomen gebundene Vererbung des Merkmals gelbe Körperfarbe vor.

c) Kreuzung 1   **Kreuzung 2**

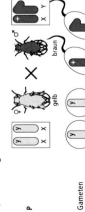

Dihybride Erbgänge

1. a)

P: $\boxed{PPRR}$ × $\boxed{pprr}$

Gameten: PR   PR   pr   pr

F$_1$: $\boxed{PpRr}$ (uniform, Walnuss-Kamm)

F$_1$ ×   F$_1$

$\boxed{PpRr}$ × $\boxed{PpRr}$

F$_2$:

Gameten	PR	Pr	pR	pr
PR	PPRR Walnuss-K.	PPRr Walnuss-K.	PpRR Walnuss-K.	PpRr Walnuss-K.
Pr	PPRr Walnuss-K.	PPrr Erbsen-K.	PpRr Walnuss-K.	Pprr Erbsen-K.
pR	PpRR Walnuss-K.	PpRr Walnuss-K.	ppRR Rosen-K.	ppRr Rosen-K.
Pr	PpRr Walnuss-K.	Pprr Erbsen-K.	ppRr Rosen-K.	pprr einfacher K.

Phänotypenverhältnis: Walnuss-Kamm : Erbsen-Kamm : Rosenkamm : einfacher Kamm = 9 : 3 : 3 : 1

b) Die Henne mit Rosenkamm besitzt entweder den Genotyp ppRR oder ppRr. Mithilfe von Rückkreuzungen lässt sich zwischen beiden Möglichkeiten unterscheiden. Dazu kreuzt man mit einem Hahn, der einen einfachen Kamm besitzt.

P $\boxed{ppRR}$ × $\boxed{pprr}$

Gameten   pR   pr

F$_1$ ppRr (Rosenkamm)

P $\boxed{ppRr}$ × $\boxed{pprr}$

Gameten   pR   pr   pr   pr

F$_1$ ppRr   pprr
         (Rosenkamm)   (einfacher Kamm)

Treten in der F1-Generation ausschließlich Tiere mit Rosenkamm auf, so besaß die Henne den Genotyp ppRR, bei einer 1 : 1 Aufspaltung lag der Genotyp ppRr vor.

2. a) Festlegung der Allele:

Farbstoff: A (rot oder blau)   pH alkalisch: B
kein Farbstoff: a   pH sauer: b

P: $\boxed{AAbb}$ × $\boxed{aaBB}$

K: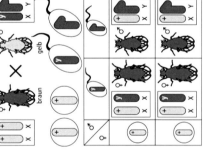

F$_1$: $\boxed{AaBb}$ × $\boxed{AaBb}$

F$_2$:

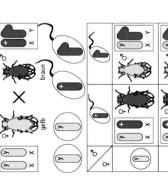

Keim-zellen	AB	Ab	aB	ab
AB	AABB (blau)	AABb (blau)	AaBB (blau)	AaBb (blau)
Ab	AABb (blau)	AAbb (rot)	AaBb (blau)	Aabb (rot)
aB	AaBB (blau)	AaBb (blau)	aaBB (weiß)	aaBb (weiß)
ab	AaBb (blau)	Aabb (rot)	aaBb (weiß)	aabb (weiß)

b) Zahlenverhältnis 9 : 3 : 4 (9 : 3 : 3 : 1)

c) Es gelten das erste und dritte MENDELsche Gesetz. Bei diesem Erbgang handelt es sich um einen dihybriden dominant-rezessiven Erbgang. Uniformitätsregel: Kreuzt man zwei Individuen einer Art miteinander, die sich in zwei Allelpaaren reinerbig unterscheiden, so sind die Nachkommen in der F$_1$-Generation untereinander gleich.
In der F$_2$-Generation spalten die einzelnen Allelpaare unabhängig voneinander auf. Es können dabei neue Merkmalskombinationen auftreten. (3. MENDELsches Gesetz)

Dihybride Erbgänge

3. a) In der F$_2$-Generation treten nur die Phänotypen der Elterngeneration auf, es muss sich um gekoppelte Gene handeln.

P: [G G / B B] × [g g / b b]

K: (G/B) (g/b) (g/B) (g/b)

F1: [G g / B b] × [G g / B b]

K: (G/B) (G/b) (g/B) (g/b)

F$_2$:

	G B	G b	g B	g b
G B	G G / B B	G G / B b	G g / B B	G g / B b
G b	G G / B b	G G / b b	G g / B b	G g / b b
g B	G g / B B	G g / B b	g g / B B	g g / B b
g b	G g / B b	G g / b b	g g / B b	g g / b b

Festlegung der Allele:
G .... dunkelgrün   g .... gelbgrün
B .... behaart   b .... unbehaart

Genotypen der F$_2$-Generation: 1 : 2 : 1
Phänotypen der F$_2$-Generation:
theoretisches Verhältnis: 3 : 1
praktisch: 363 : 125 = 2,9 : 1

b) Es handelt sich um die Rückkreuzung zwischen Bastard und dem reinerbig rezessiven Elternteil. Man erwartet als Ergebnis nur die Phänotypen der beiden Eltern. Da aber ein Teil andere Merkmale zeigt, müssen die eigentlich gekoppelten Allele hier getrennt vorliegen. Dieses Phänomen ist nur mit einem Crossing-over in der 1. Reifeteilung der Meiose zu erklären. Die Austauschhäufigkeit in Prozent (MORGEN-Einheit) dient als Maß für den Genabstand. 26 Pflanzen der R1-Generation von 200 zeigen einen Allelaustausch. Das entspricht 13 % und damit sind die Gene für Blattfarbe und Behaarung 13 Morgan-Einheiten voneinander entfernt.

R: [G g / B b] × [g g / b b]

K: (G/B) (G/b) (g/B) (g/b)

R$_1$:

	G B	G b	g B	g b
g b	G g / B b	G g / b b	g g / B b	g g / b b

Phänotypen: dunkelgrün behaart | dunkelgrün unbehaart | gelbgrün behaart | gelbgrün unbehaart
             88 | 13 | 13 | 86

Mutagene

1. Ein Mutagen ist eine mutationsauslösende Substanz oder Strahlungsart.

2.

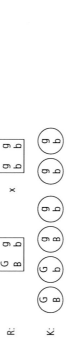

chemische Mutagene

Nitrit	entsteht durch Abbau von Nitrat, z. B. in nitratreichem Gemüse
Benzpyren	im Tabakrauch
einige Acridinfarbstoffe	zum Färben von Leder und Seide
Dioxin (2,3,7,8-Tetrachlordibenzo-1,4-dioxin, TCDD)	entsteht in Müllverbrennungsanlagen und bei Bränden stark chlorierter Kunststoffe
Basenanaloga wie Bromuracil	künstlich eingesetzt
Azidrin (Ethylenimin)	zur Herstellung von Arzneimitteln und Modifizierung synthetischer Polymere; wird künstlich in der Pflanzenzucht eingesetzt

physikalische Mutagene

Temperaturschock	künstlich eingesetzt
UV-Strahlung	natürliche Strahlung, verstärkt durch Ozonloch
Röntgenstrahlung	beim Röntgen
radioaktive Strahlung	aus Atombombenversuchen und Kernkraftwerken

3. a) Benötigt wird für den AMES-Test das mögliche Mutagen, Mutanten von *Salmonella*, die Histidin nicht selbst herstellen können sowie Zellen aus der Rattenleber. Mangelmutanten werden mit und ohne das mögliche Mutagen vermehrt, auf Agarplatten mit Histidin freiem Nährmedium ausplattiert und inkubiert. Anschließend werden die Agarplatten auf Kolonien untersucht (Auszählen).

b) Da das Medium auf den Agarplatten kein Histidin enthält, können nur Rückmutanten überleben und sich vermehren. Ist die Anzahl der Rückmutanten-Kolonien in dem Ansatz mit dem möglichen Mutagen größer als im Ansatz ohne diesen Stoff, gilt die zu testende Substanz als mutagen. Die höhere Rückmutantenrate wird auf ihren Einfluss zurückgeführt.

Mutationen

1. Mutationen sind spontan entstehende oder durch Mutagene induzierte, qualitative oder quantitative Veränderungen des genetischen Materials.

2.

Mutationsart	Genmutation	Chromosomenmutation	Chromosomensatz- oder Genmutation
kurze Erklärung	Veränderungen im Molekulargefüge des Gens, die den chemisch verschlüsselten Informationsgehalt abändern	Veränderung in der Chromosomenstruktur durch Stückverlust, Verdoppelung von Chromosomenregionen oder Umbau des Chromosoms	Veränderung der Anzahl der Chromosomen im Chromosomensatz
ausgewählte Formen dieser Mutationsart	• Punktmutation (Transition und Transversion) • Rastermutation (Insertion und Deletion)	• Deletion • Duplikation • Translokation • Inversion	• Polyploidie (Euploidie – Vervielfachung ganzer Chromosomensätze und Aneuploidie – Vervielfachung von Einzelchromosomen) • Haploidie
Beispiel für diese Mutationsart	Sichelzellenanämie	Katzenschreisyndrom (beim Menschen am Chromosom 5)	Trisomie 21

3. a) BU kann zwei Wasserstoffbrückenverbindungen eingehen, BU* drei. BU verhält sich also analog zu Thymin, BU* analog zu Cytosin.

b) BU hat keine Auswirkungen, da es sich wie Thymin verhält und wie Thymin behandelt wird. Da es sich mit Adenin paart, ändert sich nichts an der korrekten Reihenfolge der Basen. Wechselt die Ketoform in die Enolform, entspricht dies in seinen Auswirkungen einer Punktmutation. BU* verhält sich wie Cytosin und paart sich mit Guanin. Die Reihenfolge der Basen ändert sich. Dies kann, muss aber wegen der Degeneriertheit des genetischen Codes keine Auswirkungen auf die Aminosäure-Sequenz des Genprodukts haben.

c) Da eine einzelne Base geändert wird, entspricht dieser Vorgang einer Genmutation, genauer einer Punktmutation.

d) Eine gezielte Mutation ist nicht möglich, da die Änderung der Keto- zur Enolform zufallsbedingt erfolgt.

Ursachen für Variabilität

1. **Reaktionsnorm:** ist ein erblich festgelegter Bereich, indem eine Merkmalsausbildung erfolgen kann
   fließende Modifikation: es treten stufenlose Abwandlungen in der Merkmalsausbildung auf
   umschlagende Modifikation: ab einem bestimmten Grenzwert wird statt einer speziellen Erscheinungsform eine andere ausgeprägt

2. a)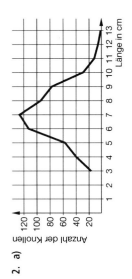

b) Von erbgleichen Kartoffelknollen könnte man Pflanzen mit übereinstimmenden Merkmalen und gleich großen Knollen erwarten. Da große Knollen ausgelegt wurden, wurden wieder große Knollen erwartet. Die Grafik zeigt aber, dass unterschiedlich große Knollen geerntet wurden. Umweltfaktoren wie Licht, Dünger, Temperatur, Boden und Feuchtigkeit haben die Merkmalsausbildung wahrscheinlich beeinflusst. Die Knollengröße variiert. Die Reaktionsnorm für das Merkmal Knollengröße ist erblich. Sie liegt zwischen 3 cm und 13 cm. Da stufenlose Abwandlungen auftreten, handelt es sich um eine fließende Modifikation.

c) Wenn statt der größten die kleinsten Kartoffelknollen ausgelegt würden, erhielte man dieselbe Kurve. Auch hier haben die meisten Knollen die Größe um den Mittelwert.

3. a) Sowohl die Temperatur als auch die Belichtung beeinflussen die Ausprägung der Blütenfarbe dieser Petuniensorten.

b) Zu weniger gescheckten Blüten führt eine Haltung bei 20 °C und Volllicht, die 48 bis 50 Tage dauert. Zu stärker gescheckten Blüten käme man bei einer Haltung bei 20 °C, vollem Licht und einer Dauer von 25 Tagen. Man könnte auch Vermutungen über eine Haltung bei 25 °C und mittleren Lichtverhältnissen anstellen.

4. a) Es handelt sich um eine Futtermodifikation. Da entweder eine Königin oder eine Arbeiterin entsteht, ist es eine umschlagende Modifikation. Beide unterscheiden sich in der Größe, in ihrer Lebensdauer und ihrer Fruchtbarkeit. Die Königin besitzt in ihrem starken Hinterleib den Eilegeapparat.

b) Bereits die Wabe der zukünftigen Königin ist etwas größer. Sie erhält als Larve ausschließlich den Drüsensaft der Ammenbienen, der besonders nahrhaft ist, und sie wird auch viel häufiger gefüttert als die Larven, aus denen später Arbeiterinnen werden.

c) Fortpflanzung ist ein Merkmal aller Lebewesen. Sie dient der Sicherung der Kontinuität durch die Weitergabe genetischer Information und ist die Grundlage der Variabilität. Dabei werden geschlechtliche und ungeschlechtliche Fortpflanzung unterschieden. Das Erschließungsfeld lässt sich auch auf Bienen anwenden. Bienen leben in einem komplexen Staatensystem. Dabei ist nur eine weibliche Biene, die Königin, fortpflanzungsfähig. Die anderen weiblichen Bienen verzichten auf eine eigene Fortpflanzung. Die Königin paart sich mit den männlichen Bienen und legt Eier, aus denen Larven schlüpfen, die dann von den Arbeitsbienen versorgt und aufgezogen werden.

PRAKTIKUM

Untersuchung von Erbmerkmalen beim Menschen

1 Humangenetische Untersuchung

a) –

b) Beispiel für ein mögliches Ergebnis in einem Kurs (30 Schülerinnen und Schüler)

Merkmale	Anzahl der Phänotypen	Gesamtzahl der untersuchten Personen	%	mögliche Genotypen
keine Behaarung des mittleren Fingergliedes	26	30	86,7	Aa, AA
vestigial	4		13,3	aa
Vorspringen der Haaransatzlinie	7	30	23,3	bb
gerader Verlauf der Haaransatzlinie	23		76,7	Bb, BB
nicht angewachsene Ohrläppchen	21	30	70	Cc, CC
angewachsene Ohrläppchen	9		30	cc
Fähigkeit zum Durchbiegen des Daumens	5	30	16,7	dd
Unfähigkeit zum Durchbiegen des Daumens	25		83,3	Dd, DD
Haar glatt	28	30	93,3	EE, Ee
Haar gelockt	2		16,7	ee
Sommersprossen	1	30	3,3	ff
keine Sommersprossen	29		96,7	FF, Ff

c) Erbmerkmale werden durch eine Vielzahl von Allelen unterschiedlichstem Ausprägungsgrades festgelegt. Die Allele können dominant, rezessiv oder intermediär sein. Die Vererbung kann monogen und polygen erfolgen. In Kombination mit der Rekombination führt dies zu einer Vielfalt an Phänotypen, sodass sich alle Individuen der Art Mensch in den Einzelmerkmalen unterscheiden.

Genmutationen beim Menschen

1.

Erbgang	Beispiel	Hauptmerkmale
autosomal dominant	Spalthände, Spaltfüße	Deformation an Händen und/oder Füßen
autosomal rezessiv	bestimmte Formen von Albinismus	Epidermis pigmentarm, weiße oder gelbe Haare; rote Iris, Tyrosinase fehlt
X-chromosomal dominant	brauner Zahnschmelz	Braunfärbung des Zahnschmelzes
X-chromosomal rezessiv	Bluterkrankheit (Hämophilie A Faktor VIII)	Blutgerinnung ist gestört
polygen	kongenitale Hüftgelenksluxation	veränderte Ausbildung des Hüftgelenkes mit Einschränkung seiner Funktion

2. Mukoviszidose oder Cystische Fibrose wird durch einen rezessiven Gendefekt verursacht. Liegt das Gen homozygot vor, leiden die Betroffenen an einer Zähflüssigkeit der Schleimsekrete der Drüsen. Davon sind die Atemwege, aber auch die Verdauungswege betroffen. Im Schleim setzen sich Krankheitserreger fest und es kommt zu chronischen Infektionen. Die Lebenserwartung liegt heute bei etwa 25 Jahren. Das betroffene Gen konnte lokalisiert werden, es liegt auf dem Chromosom Nr. 7 und codiert einen Chlorid-Ionenkanal in der Drüsenmembran. Ist der Kanal defekt ausgebildet, kann der Drüsenschleim nicht genug Chlorid-Ionen enthalten und bindet demzufolge zu wenig Wasser. Therapieansätze gibt es mit Antibiotika, Schleimverflüssigern und einer Bewegungstherapie, die bis zu drei Stunden pro Tag in Anspruch nehmen kann, um den Schleim zu lockern. In den letzten Jahren wurde auch an einer Ernährungstherapie gearbeitet.

3. a) Bei einem unbehandelten PKU-Kranken kommt es zu irreversiblen Gehirnschäden, die zum Schwachsinn führen. Diese treten bereits im Kleinkindalter auf und verstärken sich weiter. Außerdem weisen die Betroffenen eine helle pigmentarme Haut und helle Haare auf. In den Körperflüssigkeiten und Geweben sammelt sich Phenylalanin. Im Blut kann man eine hohe Konzentration an Phenylbrenztraubensäure feststellen, auch im Harn ist der Phenylbrenztraubensäurespiegel erhöht. Ursache ist das Fehlen des Enzyms Phenylalanin-Hydroxylase, sodass die Aminosäure nicht mehr abgebaut werden kann. Andere nicht ableitbare Symptome sind Krampfanfälle, Hautekzeme und eine geringere Lebenserwartung.

b) Der Stoffwechseldefekt ist pränatal nicht bestimmbar. Es erfolgt ein Suchtest bei allen Neugeborenen – der so genannte Guthrie-Test. Man verwendet dabei eine Bakterien-Mangelmutante, die kein Phenylalanin synthetisieren kann und auf einem Boden ohne externe Zufuhr von Phenylalanin nicht wächst. Dem Säugling wird ein bisschen Blut abgenommen und auf eine Papierauflage gebracht. Dieses Plättchen legt man auf einen Nährboden, der kein Phenylalanin enthält. Wächst die Mangelmutante unter diesen Bedingungen, muss das Blut des Säuglings ihr Phenylalanin in ausreichender Menge liefern. Das ist nur der Fall, wenn der Säugling PKU-krank ist.

c) Die Kinder erhalten zunächst eine phenylalaninfreie Diät, später können sie die Aminosäure in geringem Maße aufnehmen. Die nicht mehr gebildete Aminosäure Tyrosin wird künstlich zugeführt. Die Diät kann nach dem zwölften bis fünfzehnten Lebensjahr gelockert werden, da dann die Reifungsprozesse des Gehirns weitgehend abgeschlossen sind. Eine eiweißarme Diät mit natürlichen Nährstoffen ist dann ausreichend.

d) Enzym A: eine abgeschwächte Form des Albinismus, häufig gelbe Haare, generell Farbstoffmangel in Haut, Haaren und Iris

Enzym B: erblicher Kretinismus, Wachstumsstörungen, Schwachsinn, offener Mund

Enzym C: Alkaptonurie: schwarze Verfärbung des Urins beim Stehen an der Luft, degenerative Veränderungen der Gelenke und der Wirbelsäule

Chromosomenanomalien beim Menschen

1. a)
   ① Deletion (Mittelstückverlust) bzw. Defizienz (Endstückverlust)
   ② Translokation: Es verschmelzen die beiden langen Arme der Chromosomen und es kommt häufig zu einem Verlust der kurzen Armstücke.
   ③ Inversion: Es kommt zu einem Bruch und zu einer Drehung des Bruchstückes um 180°. Dann wird das Stück wieder eingebaut.
   ④ Duplikation: Ein Teilstück des Chromosoms wird verdoppelt, dieses stammt vom homologen Chromosom. Es laufen zwei Brüche und Restitutionsvorgänge ab; im homologen Chromosom liegt automatisch eine Deletion vor.

   b) Es kommt zum Katzenschreisyndrom. Bei dieser Chromosomenanomalie kommt es zum Endstückverlust des kurzen Armes des Chromosoms Nr. 5. Auffällig ist der an junge Katzen erinnernde Schrei der Neugeborenen. Er wird durch eine Fehlbildung des Kehlkopfes verursacht. Die körperliche und geistige Entwicklung der Kinder ist verzögert und die Lebenserwartung stark herabgesetzt: die Kinder sterben meist im Kleinkindalter. Die Angaben über die Häufigkeit schwanken zwischen 1 : 25000 bis 1 : 100000.

   c) Ein Beispiel ist die Translokationstrisomie 21. Im Chromosomensatz dieser Patienten findet man 46 Chromosomen. Das überzählige Chromosom 21 ist an ein Autosom, meist Chromosom Nr. 14, geheftet. Diese Mutation kann neu entstehen, aber auch ererbt werden. Der Verlust der kurzen Arme des Chromosoms 21 und 14 scheint sich auf den Phänotyp nicht auszuwirken.

2. Trisomie 21 oder Down-Syndrom
   - Häufigkeit 1 : 600 der lebend geborenen Kinder
   - Chromosom 21 ist in allen somatischen Zellen dreimal vorhanden
   - Ursache: Nondisjunction in der ersten Reifeteilung der Meiose; häufiger bei Eizellen (etwa 75 % der Fälle)
   - die Häufigkeit nimmt mit dem Alter der Mutter zu: 20 – 24 J. 1:1600; 30 – 34 J. 1:870; 40 – 44 J. 1:100
   - Symptome: kurzer Schädel, flache Nase, schmale Lidspalte, Herzfehler, IQ herabgesetzt, Lebenserwartung herabgesetzt

3.

Bezeichnung (Karyotyp)	Häufigkeit	eine Möglichkeit der Entstehung	Symptome
TURNER-Syndrom (45, X0)	1 : 2500 (weibliche Neugeborene)	Nondisjunction führt zu einer anomalen Eizelle 22 + 0. Diese wird von einer gesunden Spermienzelle 22 + X befruchtet.	Kleinwuchs, unter 1,50 m, kurzer Hals, Missbildungen an inneren Organen möglich, unfruchtbar, sekundäre Geschlechtsmerkmale fehlen
Triplo-X-Syndrom (47, XXX)	1 : 100 (weibliche Neugeborene)	Nondisjunction führt zu einer anomalen Eizelle 22 + XX. Diese wird von einer gesunden Spermienzelle 22 + X befruchtet.	körperlich unauffällig und meist fruchtbar, Intelligenz gering vermindert
KLINEFELTER-Syndrom (47, XXY)	1 : 660 (männliche Neugeborene)	Nondisjunction führt zu einer anomalen Eizelle 22 + XX. Diese wird von einer gesunden Spermienzelle 22 + Y befruchtet.	auffällig lange Beine, sehr groß, es werden keine Spermien produziert, Intelligenz nur wenig vermindert
Diplo-Y-Syndrom (47, XYY)	1 : 590 (männliche Neugeborene)	Nondisjunction führt zu einer anomalen Spermienzelle 22 + YY. Diese befruchtet eine gesunde Eizelle 22 + X.	körperlich unauffällig, aber sehr groß, Spermien werden produziert, sind also fruchtbar, Intelligenz nur sehr gering vermindert

Blutgruppen sind erblich

1. a) Die Blutgruppe 0 wird rezessiv vererbt, da diese Blutgruppe phänotypisch nur auftritt, wenn sie genotypisch homozygot vorliegt. Die Gene A_1, A_2 und B dominieren über 0. A_1 dominiert über A_2, A und B verhalten sich codominant.

   b)
Mutter: 0	Genotyp 00
Tochter: A	Genotyp A0
Vater: A	Genotyp AA oder A0
AB	Genotyp AB

   nicht möglich: BB, B0, 00

2.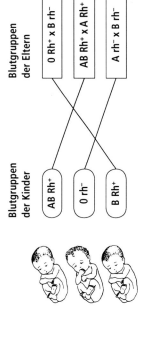

   Blutgruppen der Kinder — Blutgruppen der Eltern — Es wird vererbt

   AB Rh⁺ — 0 Rh⁺ × B rh⁻ — 00DD oder Dd × BBdd

   0 rh⁻ — AB Rh⁺ × A Rh⁺ — AB-Dd oder DD × AADd o. DD / A0Dd o. DD

   B Rh⁺ — A rh⁻ × B rh⁻ — A0-dd × B0-dd

3. a) Das Rhesus-System ist ein weiteres Blutgruppensystem beim Menschen. In der Erythrozytenmembran sitzt beim Rh⁺-Menschen das Antigen D. Bei rh⁻-Menschen ist kein Antigen vorhanden. Die Anlage für den Faktor D ist dominant. Rh⁺-Menschen können also zwei Genotypen aufweisen: DD oder Dd. Ein rh⁻-Mensch ist immer reinerbig dd.

   b) Das erste Kind ist rhesus-positiv. Beim Geburtsvorgang gelangt etwas Blut des Fetus in die Blutbahn der Mutter. Diese bildet daraufhin Antikörper gegen das körperfremde Antigen D. Erst beim zweiten Kind wirkt sich die Rhesus-Unverträglichkeit aus. Die Antikörper gegen D sind plazentagängig und können so den zweiten Embryo schädigen. Die Erythrozyten des Kindes verklumpen und es kommt zu einer schweren Anämie. (Manchmal kommt es auch zur spontanen Fehlgeburt.)

   c) Der Mutter wird gleich nach der Geburt ein Immunglobulin gespritzt. Diese Antikörper erkennen die D-Strukturen und verklumpen sie. Das Immunsystem der Mutter wird nicht aktiviert und bildet deshalb keine eigenen Antikörper.

Vererbung der Hautfarbe beim Menschen

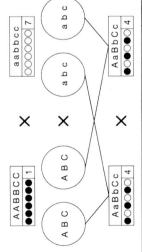

2. Bestimmen mehrere Gene ein Merkmal, so spricht man von einer polygenen Vererbung. Wenn die beteiligten Gene gleichsinnig wirken und sich in ihrer Wirkung verstärken oder wie hier addieren, so liegt eine additive Polygenie vor.

Stammbäume – manche Krankheiten des Menschen sind erblich

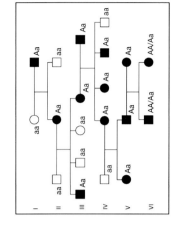

1. a) 2. Generation: 0 : 5
   3. Generation: 0 : 5 und 3 : 3
   4. Generation: 1 : 3 und 5 : 0

   b) Polydaktylie wird dominant autosomal vererbt.

   c) Beide Geschlechter weisen mit gleicher Häufigkeit das Merkmal auf (10 männliche : 8 weibliche). Für einen dominant autosomalen Erbgang spricht das Verhältnis 1 : 3 beim Paar IV und die Häufung von Merkmalsträgern in der ersten Generation.

2. a) Es handelt sich um einen rezessiven autosomalen Erbgang. Es kann kein dominanter Erbgang sein, da die Eltern von 20 und 19 das Merkmal nicht zeigen. Er ist auch nicht X-chromosomal, da der Vater 11 das Merkmal nicht zeigt.

   c) Es handelt sich um eine Verwandtenehe zwischen Cousin und Cousine; die Wahrscheinlichkeit, dass beide Partner heterozygot sind, ist erhöht.

3. a) Das Merkmal taucht in jeder Generation auf. Die Zahl der Merkmalsträger ist größer als die Zahl der Nicht-Merkmalsträger. Männer und Frauen sind gleich häufig betroffen. Die Krankheit wird dominant-autosomal vererbt.

4. 16 Merkmalsträger, 15 Nichtmerkmalsträger, nur zwei männliche Merkmalsträger (Hinweis darauf, dass das Gen auf dem X-Chromosom liegt). Merkmal tritt in allen Generationen auf, hoher Anteil an Merkmalsträgern. Es wird dominant vererbt.

Erbkrankheiten – pränatale Diagnostik

1.

Verfahren	Fruchtwasserpunktion	Chorionzottenpunktion	Nabelschnurpunktion
Durchführung ab ...	14. SSW	9.–12. SSW	19. SSW
Kurzbeschreibung	durch Bauchdecke und Gebärmutter, Entnahme von ca. 15 ml Fruchtwasser, Vermehrung der wenigen fetalen Zellen in einer Zellkultur	unter Ultraschallkontrolle wird aus der Plazenta Chorionzottenmaterial abgesaugt; erste Ergebnisse liegen schon nach sechs Stunden vor	unter Ultraschallkontrolle wird die Nabelschnur punktiert und fetales Blut entnommen
Chromosomenanalyse dauert ...	etwa 14 Tage	etwa 1 Tag	etwa 7 Tage
weitere Diagnosemöglichkeiten	• Alpha-Fetoprotein (erhöhtes Risiko für Wirbelsäulenerkrankung) • Stoffwechseldiagnostik • DNA-Diagnostik	• Geschlechtsdiagnostik • DNA-Diagnostik • Stoffwechseldiagnostik	• Geschlechtsdiagnostik • Stoffwechseldiagnostik • DNA-Diagnostik
Fehlgeburtsrate	etwa 1 %	etwa 2 %	etwa 1 %

2. a) Rotgrünblindheit wird X-chromosomal-rezessiv vererbt. Folgende Situation trifft zu:

   Großvater XY ——— XX Großmutter

   Mutter XX ——— YX Vater ?

   ? Tochter XX

   Die Tochter trägt kein krankes Allel. Die Sorge ist unbegründet.

   b) Man sollte auf das erhöhte Trisomie-Risiko hinweisen und eine Vorsorgeuntersuchung (s. oben) empfehlen.

   c) PKU wird autosomal rezessiv vererbt. Folgende Situation trifft zu:

   Mutter Aa   Aa Vater   a....krankes Allel

   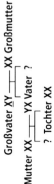

Mutter Aa		Möglichkeiten:	AA	Aa	aa
kranker Sohn	aa		25 %	50 %	25 %

   Ein Viertel aller Kinder würde erkranken, die Hälfte wäre Konduktor, ein Viertel wäre gesund. Aber der Zufall hat kein Gedächtnis, es könnte ein zweites krankes Kind werden. Pränatal nicht bestimmbare Krankheit.

   d) Die Krankheit wird X-chromosomal-rezessiv vererbt, die Frau ist Konduktorin (XX), vom Vater erbten beide Söhne ein gesundes Y. Auch mit einem neuen Mann ändert sich nichts an der Prognose. 50 % aller Söhne würden erkranken. 50 % aller Mädchen wären zwar phänotypisch gesund, aber Konduktorinnen und ständen später vor demselben Problem.

Gendiagnostik am Beispiel von Chorea HUNTINGTON

1. Es handelt sich um eine autosomal-dominante Art der Vererbung. Sie ist dominant, weil in jeder Generation Merkmalsträger auftreten und merkmalstragende Eltern gesunde Kinder haben können. Sie ist autosomal, weil bei den merkmalstragenden Eltern im X-chromosomalen Fall alle Töchter Merkmalsträgerinnen sein müssten, da sie vom Vater immer die dominante Anlage für Chorea HUNTINGTON erben würden.
Die Genotypen der Rat suchenden Frau (2), ihres Mannes (1) und die ihrer Kinder (4 und 5) können erst nach erfolgter Diagnostik eindeutig ermittelt werden.

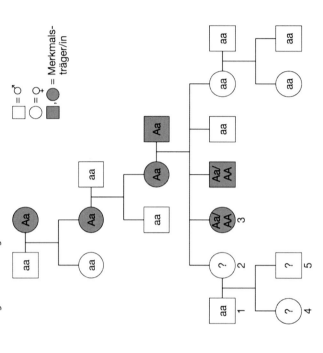

Zuordnung von Gensymbolen:
A: Anlage für Chorea Huntington
a: Anlage für das Merkmal gesund

2. Im Elektropherogramm erkennt man bei der erkrankten Schwester (3) der Ratsuchenden zwei Banden, eine unterhalb und eine oberhalb der Grenze von 36 CAG-Wiederholungen. Sie ist damit heterozygote Trägerin des HUNTINGTON-Gens (Aa). Die Ratsuchende (2) zeigt eine vergleichbare Verteilung und ist folglich ebenfalls Trägerin (Aa). Sie wird damit an Chorea HUNTINGTON erkranken. Die Kinder (4 und 5) weisen ebenso wie der Vater (1) zwei Banden unterhalb der Grenze auf, sie sind folglich genotypisch gesund.

3. Für die prädikative Diagnostik bei Risikopatienten wurden wegen der erheblichen psychischen und sozialen Tragweite, die sich aus einem positiven Testergebnis ergeben kann, strenge Richtlinien erlassen. Ein bislang gesunder Mensch erfährt möglicherweise durch den Test, dass er an einer tödlichen, heute noch unheilbaren Krankheit leidet.

Viren – „vagabundierende Gene"

1. Viren bestehen aus einer Sorte Nucleinsäuren als genetischem Material und aus Proteinen. Sie besitzen aber nie DNA und RNA gleichzeitig, haben kein eigenes Proteinsynthesesystem und keinen eigenen Stoffwechsel. In ihrer Nucleinsäure ist die Information für ihre Vermehrung gespeichert. Dazu benötigen sie jedoch eine Wirtszelle. Sie infizieren diese Zelle und zeigen dabei eine enge Wirtsspezifität. Als Lebewesen kann man sie nicht bezeichnen, da sie nicht alle Merkmale des Lebens zeigen. Es fehlen folgende Merkmale: Reizbarkeit, eigener Stoffwechsel und selbstständige Vermehrung. Heute werden sie häufig als besondere Zellparasiten angesehen, deren Entwicklung coevolutiv zu den Zellen verlaufen sein könnte.

2. –

3.

Beispiel	Bau	Kurzbeschreibung	Wirt
Tabakmosaik-Virus	① Proteinhülle (Capsid) ② RNA-Strang	• es ist ein etwa 300 nm langes Stäbchen • die schraubig gewundene RNA besteht aus rund 6400 Nucleotiden • die Proteinhülle besteht aus 2130 Capsomeren • es entsteht ein Hohlzylinder	Tabakpflanze
Grippe-Virus	① RNA-Strang ② Hülle mit Stacheleiweiß (Spikes) ③ Capsid	• es ist ein kugelförmiger Virus, der einen Durchmesser von 110 nm hat • das Nucleocapsid wird von einer äußeren Hülle umgeben, die stachelartige Fortsätze hat	Säugetiere, z. B. Mensch Vögel, z. B. Huhn
T2-Phage	① Kopf ② DNA-Doppelstrang ③ Kragen ④ Schwanz ⑤ Schwanzfäden	• T2-Phagen sind etwa 200 nm lang • sie gliedern sich in **Kopfteil** mit der dicht gepackten DNA und **Schwanzteil** mit hohlem Schwanzstift und kontraktiler Schwanzhülle • der Schwanz schließt mit einer Endplatte, den kurzen Spikes und den Schwanzfäden ab	Bakterien, z. B. E. coli
HI-Virus	① RNA ② Reverse Transkriptase ③ Hüllprotein ④ Lipid-Doppelschicht ⑤ p24-Capsid	• es ist ein 100 nm großer kugelförmiger Virus • seine äußere Hülle besteht aus einer Lipiddoppelschicht, in die stachelförmige Proteine eingelagert sind • unter der Hülle liegt die Matrix, hier ist das Capsid eingebettet • das Capsid umschließt zwei RNA-Moleküle	Mensch, Affen

Lytischer und lysogener Zyklus

1. Die Vermehrungskurve der Bakterien (A) zeigt einen permanenten Anstieg mit exponenziellem Verlauf. Demgegenüber verläuft die Vermehrung der Viren (B) sprunghaft und ist immer wieder von Plateaus ohne erkennbare Erhöhung der Virenanzahl (Titer) unterbrochen.

2. Die Vermehrung von Bakterien erfolgt kontinuierlich durch Zellteilung und lässt sich idealisiert mit der Formel $x = 2^n$ beschreiben (x = Anzahl der Bakterienzellen, n = Anzahl der erfolgten Zellteilungen). Viren hingegen sind obligate intrazelluläre Parasiten, die den Syntheseapparat der befallenen Zelle zu ihrer Vermehrung nutzen müssen. Die Wirtszelle synthetisiert zunächst fortgesetzt das virale Genom und die Capsidproteine, die sich anschließend zu neuen Viruspartikeln zusammenlagern. Erst dann erfolgt die Lyse der Zelle mit der plötzlichen Freisetzung zahlreicher neuer Viren, die daraufhin neue Zellen infizieren. Zu Beginn einer Infektion erfolgt die Vermehrung also schubartig, wobei jeder Anstieg der Kurve die Freisetzung neuer Viren anzeigt.

3. ① Infektion der Wirtszelle, Injektion der Phagen-DNA,
   ② Zirkularisierung der Phagen-DNA,
   ③ Synthese neuer Phagen-DNA und -Hüllproteine, Zusammenbau neuer Phagenartikel,
   ④ Lyse der Wirtszelle, Freisetzung neuer Phagenartikel, Infektion weiterer Zellen,
   ⑤ Integration der Phagen-DNA als Prophage in das bakterielle Genom,
   ⑥ Replikation des Prophagen mit jeder Zellteilung, Bildung eines Bakterienklons mit Prophagen,
   ⑦ Auslösen des lytischen Zyklus durch UV-Licht, Ausscheiden des Prophagen aus dem Bakterienchromosom.

Nach der Injektion der Phagen-DNA in die Wirtszelle kommt es meist zur Synthese neuer viraler DNA und Hüllproteine, was zur Lyse der Zelle und der Freisetzung neuer Phagenartikel führt (lytischer Zyklus). Die Phagen-DNA kann aber auch in das bakterielle Chromosom integriert werden (lysogener Zyklus). Der entstandene Prophage wird dann mit jeder Zellteilung repliziert, sodass alle Tochterzellen die λ-DNA als Prophagen in ihrem Genom tragen. Auf einen äußeren Reiz hin kann der Prophage aber jederzeit den lytischen Zyklus einleiten.

Bakteriengenetik

1. ① Pilus
   ② Reservestoffe (Lipidtröpfchen)
   ③ Mureinzellwand
   ④ Zellmembran
   ⑤ Plasmid
   ⑥ 70S-Ribosomen
   ⑦ Bakterienchromosom (DNA-Ring)
   ⑧ Mesosom (Membraneinstülpung)
   ⑨ Bakteriengeißel

2. Die Versuche von LEDERBERG und TATUM stammen von 1946. Sie arbeiteten mit zwei Mangelmutanten von *E. coli*. Stamm A kann die Aminosäuren Phenylalanin und Cystein nicht synthetisieren. Stamm B kann die Aminosäuren Threonin und Leucin nicht synthetisieren. Beide Mutanten wuchsen auf Nährböden mit Aminosäurezusatz. Man mischte beide Stämme für mehrere Stunden und plattierte sie dann auf Minimalnährböden aus. Nun fand man Kolonien, die alle vier Aminosäuren herstellen konnten. Da eine doppelte Rückmutation äußerst selten ist, vermuteten LEDERBERG und TATUM einen Austausch von genetischem Material zwischen den Bakterienzellen des Stammes A und B.

3. a) Die Hfr-DNA ist offensichtlich aufgeschnitten worden. Sie wird dann innerhalb der Spenderzelle mithilfe eines Replikationskomplexes einseitig repliziert. Der entstehende Doppelstrang verbleibt in der Spenderzelle, der Einzelstrang gelangt über den Sexualpilus in die Empfängerzelle und wird dort komplementär ergänzt, sodass dann auch die Empfängerzelle über einen Doppelstrang verfügt. Die DNA der Spender- und Empfängerzelle weisen homologe Abschnitte auf. Wenn das Gen F den F-Faktor kodiert, lässt sich die folgende Aussage treffen: Der F-Faktor wird nach der Übertragung bakterieller Gene in die Empfängerzelle transferiert.

   b) Zur Konjugation wird ein Sexualpilus ausgebildet, wie auch bei anderen Konjugationsformen. In der Nähe der Ansatzstelle dieses Pilus rekrutiert sich ein Replikationskomplex. Die zuvor aufgeschnittene DNA wird hier repliziert. Ein Einzelstrang gelangt durch den Pilus in die Empfängerzelle und wird hier komplementär ergänzt (F⁻-Zelle). Es werden also bakterielle Gene in die Empfängerzelle transferiert. Der F-Faktor ist offensichtlich nicht das erste Gen, dieses Chromosomentransfers. Wenn nun durch die Bewegung der Bakterien der Konjugationsvorgang unterbrochen wird, können sehr wohl bakterielle Gene in die Empfängerzelle gelangt sein, ohne dass auch der F-Faktor den Pilus passiert hat. So wird verständlich, dass viele Empfängerzellen zwar bakterielle Gene aufgenommen haben, aber nicht zu F⁺-Zellen geworden sind. Wenn allerdings der F-Faktor transferiert wurde, sind mit großer Wahrscheinlichkeit auch bakterielle Gene „mitgeschleppt" worden, dies entspricht den experimentellen Befunden.

4. Durch Rekombinationsprozesse konnten sich Bakterien schnell an wechselnde Lebensbedingungen anpassen und alle Lebensräume erobern. Außerdem können sie auf diesem Weg Resistenzeigenschaften erwerben, z. B. gegen Antibiotika, die der Mensch einsetzt. Sie konnten auch Eigenschaften erwerben, die ihnen eine schnelle Anpassung an einen neuen Wirt erlaubte. Bakterien gehören zu den ältesten Lebewesen überhaupt und besiedeln selbst Extremstandorte wie das ewige Eis und heiße Quellen.

Bakterienplasmide

1. Um die Fremd-DNA auf das Plasmid zu übertragen, schneidet man das Plasmid mit der Restriktionsendonuclease Pst 1 an einer bestimmten Stelle auf ❶. An dieser Schnittstelle befindet sich das Ampicillin-Resistenzgen. Mithilfe des Enzyms Ligase wird ein Stück der Fremd-DNA eingebaut ❷. Beim Einbau der Fremd-DNA wird das Ampicillin-Resistenzgen zerstört. Das Plasmid wird in eine Bakterienzelle (z. B. *Escherichia coli*) eingepflanzt ❸. Das zugesetzte Calciumchlorid macht die Bakterienwand für die Plasmide durchlässig. Die Bakterien können auf Nährböden vermehrt werden.

2. Um zu klären, ob der Einbau der Fremd-DNA erfolgreich verlief, benutzt man die Tatsache, dass durch den Einbau das Ampicillin-Resistenzgen zerstört wurde. Anschließend überträgt man die Bakterien auf tetracyclinhaltige Nährböden ❹. Auf diesem Nährböden wachsen sowohl Bakterien mit Original-Plasmiden als auch Bakterien mit umgebauten Plasmiden zu Kolonien heran. Anschließend überträgt man durch Überstempeln die Kolonien auf einen ampicillinhaltigen Nährboden ❺. Auf diesem können nur die Bakterien zu Kolonien heranwachsen, die mit dem intakten Ampicillin-Resistenzgen ausgestattet sind. Die übrigen auf dem tetracyclinhaltigen Nährboden heranwachsenden Bakterienkolonien müssen also Plasmide mit eingebauter Fremd-DNA besitzen.

3. Das Verfahren benutzt man, um fremde Erbinformationen in Mikroorganismen oder auch in Pflanzen- und Tierzellen zu übertragen. Diese transgenen Zellen werden dadurch veranlasst, in ihrem Stoffwechsel nicht nur ihre eigenen, sondern auch fremde Stoffe zu produzieren. So hat man mit dieser Methode zur Bildung von Humaninsulin oder des Wachstumshormons Prototropin in Mikroorganismen übertragen. In Bioreaktoren vermehrt, produzieren sie die gewünschten Stoffe.

4. Bestimmte Gene bei Bakterien codieren Enzyme, die selektiv Antibiotika wie Tetracyclin oder Ampicillin zerstören können. Diese Gene liegen nicht auf dem Chromosom, sondern auf einer bestimmten Klasse der Plasmide, den R-Plasmiden (R = Resistenz). Bei einer Behandlung mit Antibiotika werden alle Bakterien abgetötet, mit Ausnahme derer, die ein R-Plasmid enthalten. Unter diesen Umständen sollte nach der Evolutionstheorie nach einer bestimmten Zeit eine zunehmende Zahl an Bakterien die Gene für Antibiotikaresistenz besitzen. Die resistenten pathogenen Stämme verbreiten sich immer mehr, sodass eine Bekämpfung zunehmend schwerer wird. Außerdem können die R-Plasmide über Konjugation auf andere Bakterien übertragen werden. Manche Plasmide können bis zu zehn verschiedene Resistenzgene für verschiedene Antibiotika tragen.

   Das in der Tierhaltung weit verbreitete, auch vorbeugende, Füttern von Antibiotika begünstigt die Ausbreitung der Antibiotika-Resistenz. Die Antibiotika werden in den Tieren nur unvollständig abgebaut und gelangen so in den Endverbraucher Mensch. Es müssen daher ständig neue Antibiotika entwickelt werden, um bakterielle Krankheiten bekämpfen zu können.

Pflanzenzucht

1. **Ziele in der Pflanzenzüchtung:**
   - Steigerung erwünschter Inhaltsstoffe
   - Senkung unerwünschter Inhaltsstoffe
   - Geschmacks- und Aussehenssteigerung
   - Schädlingsresistenz
   - günstige Ernteeigenschaften
   - Ertragssteigerung

   Beispiel:
   - Zuckerrübe
   - bitterstofffreie Süßlupine, Faserhanf
   - Tomate, Apfel
   - Baumwollsorten
   - Ananaspflanze ohne gesägten Blattrand
   - Weizen, Mais

2. **Auslesezüchtung:** Pflanzen mit gewünschten Eigenschaften werden gezielt ausgewählt und vermehrt.
   Kombinationszüchtung: Man stellt über Inzucht reinerbige Elternlinien her und kreuzt diese miteinander. Ziel sind die meist leistungsfähigeren und größeren F_1-Hybriden. Man bezeichnet diese Steigerung auch als Heterosis-Effekt.
   Mutationszüchtung: Die Mutationsrate lässt sich durch Mutagene wie Röntgenstrahlung und Chemikalien künstlich erhöhen. So gewonnene Mutanten werden auf ihren positiven Zuchtwert getestet und dann gegebenenfalls weiterverwendet. Wird zum Beispiel bei Pflanzensamen angewendet.
   Polyploidisierung: Durch den Einsatz von Spindelgiften wie Colchicin lässt sich das Genom einer Pflanze vervielfältigen. Man kann tetraploide und sogar hexaploide Sorten züchten. Wird häufig bei Beerenobst zur Ertragssteigerung verwendet.
   Haploidenzüchtung: Aus haploiden Pollenkörnern lassen sich mit Spindelgiften diploide, reinerbige Pflanzen erzeugen.
   Transgene Pflanzen: Durch gentechnische Methoden werden artfremde Gene in die Pflanze gebracht.
   Sexuelle Hybridisierung: Geschlechtszellen nahe verwandter Arten werden verschmolzen. Die Hybridzellen werden später in einer Kulturlösung aufgezogen.
   Somatische Hybridisierung: Körperzellen verschiedener, nahe verwandter Arten können nach Entfernen der Zellwand verschmolzen werden. Die Hybridzellen werden später kultiviert.

3. Die Staubbeutel diploider Pflanzen mit unreifen Pollen werden kultiviert. Auf dem Nährboden entwickeln sich mehrkernige Pollenkörner und später kleine undifferenzierte Zellhaufen. Diese durchbrechen nach etwa zwei Monaten die Wand des Staubbeutels. Es bildet sich ein kleines haploides Pflänzchen. Die Bildungsgewebe dieser haploiden Pflanze werden mit Colchicin behandelt und dadurch diploidisiert. Jetzt liegen alle Allele homozygot vor. Die vorher rezessiven Anlagen sind nun im Phänotyp sichtbar. Die Auslese wird erleichtert. Die Züchtungszeiten sind dadurch verkürzt.

4. ① Ti-Plasmid   ③ erwünschtes Fremdgen
   ② Isolierung des Tumorgens   ④ bakterieller Transfer der Fremd-DNA in die Pflanzenzelle

Vorteile: Auch artfremde Eigenschaften können erworben werden. Nutzpflanzen tolerieren z. B. Herbizide, bilden wertvolle Inhaltsstoffe (z. B. Eiweiß).
Nachteile: Gene könnten in artverwandten Arten durch „Überspringen" erscheinen. Dann würden z. B. Unkräuter auch herbizidtolerant. Veränderte Inhaltsstoffe können nichtallergene Lebensmittel so verändern, dass auch sie Allergien auslösen.

Tierzüchtung

1. a) Zunächst werden Eizellen eines weiblichen Tieres entnommen und in vitro befruchtet. Das gewünschte Gen eines anderen Organismus, das übertragen werden soll, wird in der Zwischenzeit geklont. Die klonierte DNA wird dann direkt mittels Mikroinjektion in den Kern der Eizelle übertragen. Einige Zellen bauen die Fremd-DNA in ihr Genom ein und exprimieren das fremde Gen. Diese gentechnisch veränderten Eizellen werden jetzt auf Leihmütter übertragen. Entwickeln sich die Embryonen wie gewünscht, entstehen transgene Tiere, die Gene eines dritten Lebewesens enthalten. Dabei können die Gene, wie im Beispiel transgener Lachse, auch von Tieren anderer Arten kommen. Durch PCR-Analysen wird dann der Erfolg des Gentransfers überprüft. Weiterhin sind dann Kreuzungen der transgenen Tiere mit Wildtyp-Tieren möglich.

   b) Transgene Tiere zeigen veränderte Eigenschaften, die sich vielfältig nutzen lassen. Sie können zum Beispiel schneller wachsen als nicht transgene Artgenossen, können bestimmte Stoffe wie Hormone oder Blutgerinnungsfaktoren produzieren, oder sind bestimmten Umweltbedingungen besser angepasst. Obwohl transgene Tiere bisher nicht Bestandteil unserer Nahrung sind, lehnt sie ein Großteil der Bevölkerung ab. Welche Folgen ein Gentransfer hat, lässt sich erst durch Langzeitstudien ermitteln. Häufig sind die transgenen Tiere nicht lebensfähig, oder sie haben keinen normalen Entwicklungszyklus. Außerdem ist es schwierig zu sagen, ob die gewünschte Veränderung ausschließlich auf das übertragene Gen zurückzuführen ist.

2. a)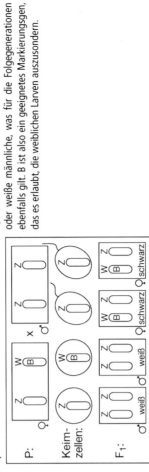
   b) Man erhält auf diese Art schwarze weibliche oder weiße männliche, was für die Folgegenerationen ebenfalls gilt. B ist also ein geeignetes Markierungsgen, das es erlaubt, die weiblichen Larven auszusondern.

3. a) Einer Hochleistungskuh gibt man Hormone, sodass viele Eizellen reifen. Man besamt sie künstlich mit dem Sperma eines guten Zuchtbullen. Später spült man die Embryonen aus der Gebärmutter und teilt sie im 16-Zell-Stadium (bis zu vier Tochterstadien entstehen). Diese pflanzt man verschiedenen Ammenkühen ein, die sie austragen. Es entstehen mehrfach identische Zwillinge und Vierlinge.

   b) Dolly I wird eine Körperzelle aus dem Euter entnommen. Man entnimmt den Zellkern. Einem anderen weiblichen Schaf wird eine reife unbefruchtete Eizelle entnommen. Auch aus ihr wird der Kern entfernt. Der Kern der Körperzelle verschmilzt nun mit der leeren Eizellhülle unter Einwirkung von Elektrizität. Die entstandene Eizelle ist dadurch diploid, sie beginnt sich zu teilen und wird einem Ammenschaf in die Gebärmutter gepflanzt. Dieses Schaf trägt Dolly I aus, die identische Kopie von Dolly I.

   c) Bisher brauchte man für jede erfolgreiche Klonierung zwischen 110 und 160 Fehlversuche. Es wird also sehr viel biologisches Material in allen Stufen des Klonens vernichtet. Kritiker befürchten, dass man mit der vorhandenen Technik auch Menschen klonen kann. Es gibt bereits Institute, die Vorbestellungen für geklonte Menschen annehmen. Es wäre dann z. B. möglich, Politiker, Sportler u. a. Menschen als originalgetreue Kopie herzustellen. Solche Versuche sind ethisch nicht vertretbar. Bei einer breiten Anwendung der Klonierung in der Tierzucht würde die genetische Vielfalt weiter verarmen. Viele Wissenschaftler meinen auch, dass dem Menschen ein solcher Eingriff in die Welt der Lebewesen nicht zusteht. Nach neuesten Erkenntnissen alterten die Zellen des Klonschafes schneller als die unveränderte Schafzellen.

Stammzellforschung

1.

Stammzellentyp	Vorteile	Nachteile
Embryonale Stammzellen	• sehr hohes Differenzierungspotenzial • können alle Zelltypen bilden • Teilungs- und Vermehrungsfähigkeit sehr hoch • Lebensdauer fast unbegrenzt • ermöglichen eine Forschung über die Grundlagen zur Zelldifferenzierung, Verständnis von Steuerungsmechanismen	• Forschung nur an importierten Zellen möglich, hohe Auflagen • ethisch bedenklich, (evtl. kein Einverständnis der Eltern, zusätzlich erzeugte Embryonen zu verwenden) • keine körpereigenen Zellen → Abstoßungsreaktionen oder Unterdrückung dieser muss erfolgen • zum Teil starke Teilung → Tumore entstehen
Adulte Stammzellen	• ohne Schwierigkeiten entnehmbar, einfacher zu gewinnen • uneingeschränkt erlaubte Forschung • ethisch völlig unbedenklich • gewonnene Gewebe werden nicht vom Körper abgestoßen, da körpereigene Zellen • können kontrollierter zu bestimmten Zelltypen ausdifferenziert werden	• reduziertes Differenzierungspotenzial • bestimmte Zelltypen vielleicht nicht gewinnbar • geringere Teilungsfähigkeit • Lebensdauer begrenzt (aber heute schon bis zu 2 Jahre)

2. Zygote: totipotent
Zwei-Zell-Stadium: totipotent
Blastocyste: pluripotent
Fetus: multipotent
Erwachsener: multipotent

3. Alle drei Methoden sind in Deutschland verboten. Embryonale Stammzellen werden jedoch in anderen Ländern der Welt so erzeugt.
Nach einer künstlichen Befruchtung entwickelt sich nach einigen Tagen der Bläschenkeim, die Blastocyste. Aus ihr können pluripotente, embryonale Stammzellen entnommen werden. Der Embryo wird dabei zerstört.
Bei der zweiten Möglichkeit nutzt man fünf bis neun Wochen alte Embryonen. Diese können zum Beispiel aus einem Schwangerschaftsabbruch stammen. Man gewinnt die Vorläuferzellen der Ei- oder Samenzellen und entwickelt daraus eine embryonale Zelllinie.
Eine dritte Möglichkeit stellt das therapeutische Klonen dar. Dabei entfernt man aus einer gespendeten Eizelle den Zellkern. Anschließend bringt man den Zellkern einer Körperzelle ein. Es entsteht so eine diploide Eizelle, die sich ganz normal zu einem Blastocystenstadium weiterentwickelt. Aus diesem kann man dann wiederum die Stammzellen gewinnen.

Gentherapie

1. Nach der Beschreibung wurde ein *Ex-vivo*-Verfahren angewendet. Es wurden ausgereifte Zellen verwendet, eine Wiederholung ist nötig.

2. ① ADA-Gen   ③ Anlegen einer Zellkultur
   ② Retrovirus zum Einschleusen des Gens   ④ Reimplantation

   Knochenmarkzellen werden entnommen. Das fehlende ADA-Gen wird über einen Retrovirus in die Stammzelle eingeschleust. Man isoliert die Zelle, die das Gen angenommen hat, und vermehrt sie in einer Zellkultur. Dann gibt man die gentechnisch veränderte Zellpopulation zurück. In der Abbildung ist eine Stammzelltherapie gezeigt; anders als bei Linda wäre eine Wiederholung dann nicht nötig.

3. a) Lymphozyten gehen aus den Blutstammzellen des Knochenmarks hervor. Ein Teil von ihnen wird im Thymus zu T-Lymphozyten, der andere im Knochenmark (bone marrow) zu B-Lymphozyten geprägt. Nach ihrer Prägung gelangen die Zellen in Milz und Lymphknoten und vermehren sich dort. Nach antigener Stimulierung vergrößern und teilen sich die Zellen in immunreaktive T- und B-Lymphozyten und Gedächtniszellen. Je nach Funktion differenziert man T-Lymphozyten noch in T-Killerzellen, T-Helferzellen und T-Supressorzellen.

   b) Alle genannten Zellen dienen der Abwehr. Die Gedächtniszellen dienen der Antigenwiedererkennung, Killer-Zellen vernichten Fremdzellen und veränderte Zellen, T-Helfer-Zellen kooperieren mit B-Lymphozyten bei der Bildung von Antikörpern, und T-Supressor-Zellen unterdrücken Immunreaktionen anderer immunkompetenter Zellen. B-Lymphozyten differenzieren sich und bilden spezifische Antikörper.

4. Das intakte CF-Gen kann von den Zielzellen nicht eingebaut werden oder die Regulation des Genes erfolgt nicht wie gewünscht.

5. I   Erbkrankheiten (ADA-Defizienz, Bluterkrankheit, Cystische Fibrose)
   II   Krebserkrankungen (vor allem Haut-, Eierstock-, Nieren- und Brustkrebs)
   III AIDS
   IV   Herz-Kreislauf-Erkrankungen (Therapie von Komplikationen nach chirurgischen Eingriffen an Blutgefäßen und Bypass-Operationen)
   V   rheumatische Erkrankungen

6. Keimbahnmanipulationen sind gesetzlich strafbar und aus ethischen Gründen am Menschen nicht vertretbar.

KLAUSUR- UND PRÜFUNGSAUFGABEN

Genetik I

1. Das Wort Sichelzellen bezieht sich auf die Form der Erythrozyten und das Wort Anämie auf die Blutarmut, die durch eine verminderte Anzahl der Erythrozyten bedingt ist. Die deformierten roten Blutkörperchen haben eine geringere Transportfähigkeit für Sauerstoff. Zusätzlich können sie die feineren Gefäße verstopfen. Beide Eigenschaften, verstärkt durch die geringere Anzahl von roten Blutkörperchen, führen dazu, dass Gewebe und Organe nicht mehr ausreichend mit Sauerstoff versorgt werden. Die Resistenz der Heterozygoten beruht auf der veränderten Durchlässigkeit der Zellmembranen der Erythrozyten für Kalium-Ionen. Da sich die Malariaerreger bei Kaliummangel in den Erythrozyten nicht entwickeln können, haben die Heterozygoten einen Vorteil in Malaria versuchten Gebieten.

2. Die Sichelzellenanämie ist durch den Austausch der Base Thymin gegen die Base Adenin im Basentriplett CTC der DNA entstanden. Dieser Fehler ist bei der Replikation der DNA entstanden, in dem die DNA-Polymerase eine falsche Base eingebaut hat. Der Vorgang bedingt eine Veränderung im codogenen Strang und damit im gesamten Gen. Bei der Genexpression wird in der mRNA statt des Basentripletts GAG, das Basentriplett GUG gebildet. Bei der Translation wird dann statt der Aminosäure Glutaminsäure die Aminosäure Valin eingebaut. Diese verändert die biologischen Eigenschaften des Polypeptids der β-Kette im Hämoglobin. Die hier vorliegende Mutation wird als „Fehlsinn- oder Missense-Mutation" bezeichnet.

3. Das Basentriplett CTT würde bei der Transkription in das Triplett GAA übersetzt; dieses hätte bei der Translation den Einbau der Aminosäure Glutaminsäure zur Folge. Da aufgrund des degenerierten genetischen Codes die Aminosäure Glutaminsäure nicht nur durch das Basentriplett GAG, sondern auch durch das Basentriplett GAC codiert wird, erfolgt trotz der Mutation der Einbau der gleichen Aminosäure. Das Genprodukt bleibt also in diesem Falle unverändert. Man spricht deshalb auch von einer „neutralen oder stummen Mutation".

KLAUSUR- UND PRÜFUNGSAUFGABEN

Genetik II

1. a) Frau   44 + XX   (Körperzellen)   Mann   44 + XY   (Körperzellen)
             22 + X   (Keimzellen)   22 + X oder   22 + Y   (Keimzellen)

   Zygote: 44 + XX   oder   44 + XY
           = weiblich   = männlich

   b) Das theoretische Befruchtungsverhältnis liegt bei 1 : 1. Mögliche Ursachen für eine Verschiebung des Zygotenverhältnisses:
   - 22 + Y – Spermien könnten beweglicher sein (etwas leichter) und damit schneller
   - später gleicht sich Verhältnis auf etwa 106 F : 100 C Neugeborene aus; Ursache: X-chromosomal-rezessive Krankheiten, Anzahl der männlichen Frühgeburten höher
   - bis zur Pubertät fast 1 : 1 (Säuglingssterblichkeit der männlichen Säuglinge leicht erhöht).

2. a) Zu den nummerischen Chromosomenanomalien gehören das Klinefelter-Syndrom (XXY), das Turner-Syndrom (X0) sowie die Trisomien 13, 18 und 21. Beim Klinefelter- und Turner-Syndrom liegt eine Fehlverteilung der Gonosomen, bei Trisomien 13, 18 und 21 eine Fehlverteilung der Autosomen vor. Eine Fehlverteilung der Autosomen ist in der Regel ein Letalfaktor, in Ausnahmefällen führt sie zu schweren Erkrankungen. Fehlverteilungen der Gonosomen ziehen weniger schwere Folgen nach sich. Die Betroffenen bilden jedoch keine funktionsfähigen Gonaden aus.

   b) Die Abbildung zeigt die erste Reifeteilung der Meiose. In der Anaphase I dieser Reduktionsteilung werden die Chromosomen eines homologen Chromosomenpaares nicht voneinander getrennt. Als Folge entstehen haploide Geschlechtszellen mit 24 (in diesem Beispiel drei) beziehungsweise 22 Chromosomen (in der Zeichnung ein Chromosom). Bei der Verschmelzung dieser Geschlechtszellen mit einer regulär gebildeten Keimzelle entstehen Zygoten mit 47 beziehungsweise 45 Chromosomen. Bei Zygoten mit 47 Chromosomen liegt eine Trisomie, bei Zygoten mit 45 Chromosomen eine Monosomie vor.

   c) Das KLINEFELTER-Syndrom sowie die Trisomien 13, 18 und 21 sind Trisomien. Das Turner-Syndrom gehört zu den Monosomien.

KLAUSUR- UND PRÜFUNGSAUFGABEN

Genetik II

3. a) Phänotyp der Eltern A und B   / D und D oder d
      Genotyp der Eltern   A0 und B0 / beide Dd oder Dd und dd

   b) Kodominanz bedeutet, dass beide Allele nebeneinander phänotypisch erkennbar sind. Das ist bei den Allelen A und B der Fall. Es werden also beide Arten von Zucker-Protein-Ketten mit verschiedenen Galactosen gleichzeitig gebildet.
   Multiple Allele entstehen durch Mehrfachmutationen an einem Genort. Beim AB0-System ist das Merkmal eine Zucker-Protein-Verbindung auf der Erythrozytenmembran. Am Ende einer solchen Kette hängt bei Blutgruppe B der Zucker Galactose, bei A ein Derivat dieses Zuckers und bei 0 keine Galactose. Es gibt also ein Gen, das im normalen Zustand die Bindung der Galactose (Blutgruppe A) vermittelt. Im mutierten Zustand wird eine chemisch veränderte Galactose (Blutgruppe A) gebunden. Bei einer Mutation zum Allel 0 ist das Gen noch stärker verändert, es kann kein funktionsfähiges Enzym zur Galactosebindung mehr hergestellt werden.

   c) Mutter AADD   Vater BB   DD   Dd   dd } generell
                               B0   DD   Dd   dd } möglich
      ――――――――――
      Sohn AB Dd oder DD

   Sollte der Vater Blutgruppe B haben (dann muss die Mutter bei a) Blutgruppe A haben), kann er mit dem Genotyp B0 Dd oder dd Vater des Kindes sein. Der Mann ist nur dann mit Sicherheit nicht der Vater, wenn er in der Kreuzung a) die Blutgruppe A0 aufweisen würde. Nach den hier festgelegten Angaben weiß man das aber nicht.

4. Das Merkmal taucht in jeder Generation auf, das Verhältnis von Merkmalsträgern zu Nicht-Merkmalsträgern beträgt 6 : 8, es gibt männliche und weibliche Merkmalsträger. Die Krankheit wird vermutlich autosomal-dominant vererbt.
   Genotypen: 1Aa, 2aa, 3Aa, 4aa, 5Aa, 6aa, 7aa, 8Aa, 9aa, 10Aa, 11aa, 12aa, 13Aa, 14aa. Beide Ehepartner sind reinerbig rezessiv, alle Nachkommen werden gesund und keine Allelträger für A sein. Entsprechendes gilt für die Schwester. Die drei Brüder sind heterozygot, die Partnerinnen homozygot rezessiv. Dies gilt auch für die Eltern der dritten Generation. Die Wahrscheinlichkeit, dass aus diesen Verbindungen ein Merkmalsträger hervor gehen wird, beträgt 50 Prozent.

KLAUSUR- UND PRÜFUNGSAUFGABEN

Genetik III

1. Mit beiden Phagenkulturen infiziert man unmarkierte Bakterienzellen. Die Phagen injizieren DNA in die Zellen, ihre Hüllen bleiben draußen an der Bakterienzellwand. Kurz vor der Lyse werden die leeren Hüllen durch einen Mixer abgetrennt und dann abzentrifugiert. Man bestimmt dann die Radioaktivität und findet heraus, dass wirklich nur ^{32}P-Isotope bestimmbar sind und nur die DNA eingedrungen ist. Da mithilfe dieser DNA vollständige neue Phagen gebildet werden können, trägt sie allein die genetische Information dafür.

2. a), b) und c)

① Chromosom in der Metaphase mit deutlich erkennbaren Chromatiden, die am Centromer miteinander verbunden sind. Das menschliche Erbgut besteht nach der Replikation aus 46 Zwei-Chromatiden-Chromosomen.

② Das menschliche Genom besteht zu 1,5 % aus Exons, zu 24% aus Introns, zu 53 % aus Junk-DNA, zu 8 % aus Heterochromatin. Bei 13,5 % konnte bislang keine Zuordnung vorgenommen werden. Das Genom umfasst etwa 3,2 Mrd. Basenpaare.

③ Nach dem Doppelhelix-Modell der DNA besteht diese aus einem Doppelstrang aus zwei langen, fadenförmigen Molekülen, die um eine gemeinsame, imaginäre Achse geschraubt sind.

④ Jeder Einzelstrang besteht aus einer Kette von Nucleotiden mit regelmäßig abwechselnden Zucker-Phosphat-Verbindungen. Bei dem Zucker handelt es sich um Desoxyribose. Die Verbindung der beiden Einzelstränge erfolgt über Basen, die über Wasserstoffbrücken miteinander verbunden sind. Diese Wasserstoffbrücken bilden sich nur zwischen Adenin und Thymin sowie zwischen Guanin und Cytosin aus. Dabei sind Adenin und Thymin über zwei, Guanin und Cytosin über drei Wasserstoffbrücken miteinander verbunden.

⑤ Als Transkription bezeichnet man das „Abschreiben" der auf der DNA codierten Information mithilfe der einsträngigen mRNA.

⑥ Eukaryotische Gene bestehen aus einem Mosaik von codierenden und nicht-codierenden Abschnitten. Codierende Abschnitte werden als Exons, nicht-codierende als Introns bezeichnet. Bei der Transkription wird zunächst die vollständige DNA-Sequenz in eine prä-mRNA überschrieben. In dem so genannten Reifungsprozess werden dann alle Introns herausgeschnitten.

⑦ Die Translation gliedert sich in drei Abschnitte.
• Die *Initiation* beginnt mit der Anlagerung der beiden Untereinheiten eines Ribosoms an die mRNA. Es entsteht ein funktionsbereites Ribosom mit drei Bindungsstellen.
• An diesen Bindungsstellen findet die Proteinsynthese statt. Bei der *Elongation* wird die Basensequenz der mRNA mithilfe von tRNA in eine Aminosäuresequenz übersetzt.
• Bei der *Termination* wird mit Erreichen eines Stopp-Codons die Proteinsynthese beendet.

d) DNA ist als Träger der genetischen Information besonders geeignet, da sie die Fähigkeit zur identischen Replikation besitzt. Die Information kann also ohne Verlust für den Träger der Erbinformation an die Nachkommen in beliebiger Häufigkeit weitergegeben werden. Sie besitzt aufgrund des Prinzips der komplementären Basenpaarung die Fähigkeit zur Reparatur bei Schäden oder Ablesefehlern. Sie ist veränderbar, beliebig verlängerbar und kann in Aminosäuresequenzen translatiert werden.

GENETIK IN DER PRAXIS

Gentechnik

1. Mithilfe der Gentechnik ist es heute möglich, Medikamente wie Insulin oder Blutgerinnungsfaktoren in großen Mengen herzustellen. Dabei kann eine gleichbleibend hohe Qualität gewährleistet werden. Auch Stoffe wie EPO, die aus natürlichen Quellen kaum zugänglich sind, stehen jetzt zur Verfügung. Außerdem werden ständig neue Stoffe entwickelt, schon heute ist der Markt gentechnisch hergestellter Medikamente sehr groß. Der Jahresumsatz 2004 betrug 1,95 Milliarden Euro. Dabei fallen über 30 Prozent auf Insuline, 29 Prozent auf Immunmodulatoren wie zum Beispiel Interferone und 10 Prozent auf EPO.

   Zur Herstellung gentechnisch veränderter Medikamente werden Gene von einem Organismus auf einen anderen übertragen. Bevorzugte Zellen, die genetisch verändert werden, sind dabei *Escherichia coli*, Bäckerhefe oder Säugetierzellen von Hamstern. Anforderungen, die an diese Zellen gestellt werden, sind, dass sie möglichst viel von dem Produkt bilden und sich rasch vermehren lassen. Außerdem dürfen sie aus Sicherheitsgründen außerhalb des Kulturbehälters nicht lebensfähig sein. Zum Gentransfer benötigt man Restriktionsenzyme, die wie „Gen-Scheren" wirken. Mit ihrer Hilfe wird aus der DNA ein bestimmtes Stück herausgeschnitten, dieses Stück wird dann durch ein Gen aus einer anderen DNA ergänzt. Das transferierte Gen codiert das gewünschte Produkt. Das Einfügen dieses Gens in die „DNA-Lücke" erfolgt mithilfe von bestimmten Enzymen, den Ligasen. Sie wirken als „Gen-Kleber". War das Einfügen erfolgreich, produziert die gentechnisch veränderte Zelle nun das gewünschte Produkt. Die genetische Veränderung wird auch an die Tochterzellen weitergegeben. Aus einer Zelle können so Billionen Zellen gewonnen werden. In großen Edelstahlbehältern, den Fermentern, werden die Zellen in eine Nährlösung unter idealen Wachstumsbedingungen gegeben. Die Zellen vermehren sich dabei rasch und produzieren das gewünschte Produkt. Danach werden sie abgetötet, das Produkt extrahiert, aufbereitet und gereinigt.

2. Durch geeignete Methoden kann Insulin so verändert werden, dass seine prinzipielle Wirkungsweise nicht, wohl aber die Wirkungszeit modifiziert wird. Lispro wirkt wesentlich schneller als Humaninsulin und kann deshalb erst zum oder nach dem Essen gespritzt werden. Der Diabetiker muss keine strengen Essenszeiten und -mengen mehr berücksichtigen, er wird wesentlich unabhängiger.

3. Zum Beispiel Hepatitis-B-Impfstoff:

   Ein wirksamer Impfstoff gegen Hepatitis B ist seit 1986 verfügbar. Hepatitis ist eine häufige Erkrankung, sie wird durch Viren hervorgerufen. Weltweit sind circa 350 Millionen Menschen infiziert, über eine Million davon sterben jedes Jahr.

   Zur Herstellung eines Impfstoffs wurden die Oberflächenproteine des Virus isoliert und in Hefezellen eingeschleust. Die Zellen stellen nun die gewünschten Proteine her. Aus ihnen wird der Impfstoff gewonnen. Ein wesentlicher Vorteil dieser Methode besteht darin, dass ein Impfstoff ohne direkte Verwendung von Viren erzeugt werden kann. Damit besteht auch kein Infektionsrisiko für Personal und Patienten. Ein Impfschutz ist so auch relativ preiswert möglich.